Wandern
im
Bayerischen Wald

Egon M. Binder

Inhalt

Wandern im Bayerischen Wald

Wandersaison

Aufgrund des langen Winters, der den Gipfellagen nicht selten Schneehöhen von bis zu 2 m beschert, beginnt die Wandersaison erst Mitte April bis Anfang Mai. Die Saison dauert dann jedoch bis Allerheiligen (1. November), weil gerade der Herbst sonnig und trocken ist und die klare Luft eine gute Fernsicht erlaubt, selbst wenn frühmorgens die Täler noch in Nebel gehüllt sind.

Anspruch

In der Rubrik ›Die Wanderung in Kürze‹ wird jeweils darauf hingewiesen, ob es sich bei der Wanderung um eine einfache (+), eine mittelschwere (++) oder eine anspruchsvolle (+++) Tour handelt.

Gehzeiten

Bitte beachten Sie: Alle in diesem Wanderführer aufgeführten Zeiten verstehen sich als reine Gehzeiten. Rechnen Sie bei der Planung einer Tour noch etwa ein Fünftel bis ein Viertel der Zeit hinzu, um Pausen für die Rast oder zum Fotografieren, Abstecher oder schlimmstenfalls ein Verlaufen zu berücksichtigen. Auch ein Wettersturz, abgerutschte Wege oder angeschwollene Bäche können die Wanderzeit erheblich verlängern.

Ausrüstung

Feste Wanderstiefel (Trekkingstiefel) sind bei längeren Wanderungen unbedingt empfehlenswert. Sie sollten leicht, aber dennoch möglichst wasserdicht sein. Bei Bergwanderungen sind Teleskopstöcke (zum Zusammenstecken) nützlich, die vor allem beim Abstieg die Gelenke erheblich entlasten. Regen- und Sonnenschutz sollte man immer dabeihaben. Sollte für eine Wanderung spezielle Ausrüstung notwendig sein, ist das jeweils gesondert vermerkt.

Wanderkarten

Gute und verlässliche Karten bekommt man vor Ort in Verkehrsämtern, Tankstellen und Kiosken. Die besten Wanderkarten sind die Topographischen Karten des Bayerischen Landesvermessungsamtes im Maßstab 1:50 000 sowie die Wanderkarten von Fritsch oder Kompass.

Wetterdienst

Neben den Wettervorhersagen in den Lokalzeitungen und den Lokalsendern strahlt der Bayerische Rundfunk, 5. Programm, viertelstündlich Wettervorhersagen aus.

Notruf

Allgemeine Notrufnummer: 112 Von allen Berghütten kann die Bergwacht alarmiert werden.

Mit Bus und Bahn

Wer sich vor Antritt einer Wanderung beim örtlichen Verkehrsamt rechtzeitig informiert, kann von allen Orten aus die Anfahrt zu den Ausgangspunkten gut organisieren. Neben der regionalen Waldbahn (Plattling–Regen–Zwiesel–Bayerisch-Eisenstein, Spiegelau, Grafenau) verkehren Linienbusse; allerdings an den Wochenenden nur ein eingeschränkter Linienverkehr. Die Stichstraßen im Nationalpark sind von 29.5.–31.10. für den Individualverkehr gesperrt. In dieser Zeit verkehren Pendelbusse (»Igelbusse«), teils im Halbstundentakt (günstige Familien- und Wochentickets). Ein Faltblatt mit den aktuellen Fahrzeiten ist im Hans-Eisenmann-Haus erhältlich (Tel. 08558/ 9 61 50, Fax 08558/26 18). Informationen über Bus und Bahn findet man unter www.bayerwald-ticket.com.

Grüne Grenze

Einige der in diesem Buch beschriebenen Touren führen vom Bayerischen Wald in den Böhmerwald-Nationalpark in Tschechien. Inzwischen gibt es eine Reihe von Grenzübergängen, die von Wanderern und Radfahrern ohne Formalitäten passiert werden können (s.S. 138).

SYMBOLE IN DEN KARTEN

⌂	Gasthaus, Berghütte (bewirtschaftet)	⚐	Denkmal, Monument
⌂	Schutzhütte, Unterstand, Haus (unbewirtschaftet)	✿	Mühle
♀	Kirche	†	Wegkreuz, Marterl
♀	Kapelle	⊓	Rastplatz
♭	Burg, Schloss	◖	Höhle
⚲	Burgruine	∿ᵂᶠ	Wasserfall
♂	Aussichtsturm	∘	Quelle
∴	Verlassenes Dorf, Ruine	♣	Hervorragender Nadelbaum
		⌇	Schwimmbad
		♀	Sendemast

Nationalpark Bayerischer Wald

Einzigartig ist der große Wald im östlichsten Zipfel Bayerns, das größte Waldgebirge Mitteleuropas. Der Gedanke, ihn besonders zu schützen und zum Nationalpark zu erklären, bewegte Politiker bereits vor dem Zweiten Weltkrieg. Doch erst 1970 konnte sich das bayerische Landesparlament dazu entschließen, 13 000 ha Staatsforst zwischen Rachel und Lusen als Nationalpark ausweisen zu lassen. 1997 wurde das Schutzgebiet nach Norden, in den Zwieseler Winkel (Falkensteingebiet und Schachten), beträchtlich erweitert und umschließt nunmehr eine Fläche von insgesamt 24 250 ha. Der Nationalpark erstreckt sich auf einer Länge von 40 km zwischen den Grenzorten Mauth und Bayerisch Eisenstein.

Geologisch betrachtet ist das Nationalparkgebiet wie der Bayerwald-Höhenkamm Teil der »Böhmischen Masse« und besteht aus überwiegend sehr alten kristallenen Schiefern (Gneise) und Tiefengestein (Granite). Seine heutige gerundete Form erhielt der Bayerische Wald durch die Eiszeit, als die Gletscher über das Land hinwegglitten und alle Ecken und Kanten abhobelten.

Dennoch existieren hier – für ein Mittelgebirge – große Höhenunterschiede. Die bis zu 850 m Differenz (600 – 1453 m ü. NN) sorgen für Niederschlagsmengen zwischen 1000 und 2000 mm im Jahresdurchschnitt, und die Lage im Übergangsbereich zum kontinentalen Klima bewirkt ein raues Klima mit langen, schneereichen Wintern.

Bereits 1972 wurde Bayerns Nationalpark von der Internationalen Union for Conservation of Nation and Natur Resources (IUCN) wegen seiner klaren Zielsetzung international anerkannt und wegen des konsequenten Naturschutzes ab 1986 bereits viele Male in ununterbrochener Folge vom Europarat mit dem Europadiplom der Kategorie A ausgezeichnet.

Seit dem Ende der Eiszeit vor ca. 8000 Jahren haben sich drei unterschiedliche Waldformationen herausgebildet: der Bergfichtenwald, der Bergmischwald und der Au-Fichtenwald. In dem unberührten Gebiet säumen über 200 Jahre alte und bis zu 50 m hohe Baumriesen die Wege, in den Hochmooren hat sich seltene Flora und Fauna erhalten, Felswanderzonen laden zu – ungefährlichen – Kletterpartien ein.

Auch die Tierwelt konnte sich ungestört entwickeln. In den Nationalparks beiderseits der Landesgrenze leben Rotwild, Wildschweine und Füchse, Dachse und Marder sowie Fischotter in freier Wildbahn, sind 50 Waldvogelarten, darunter Auerhuhn, Haselhuhn, Schwarzspecht, Weißrückenspecht, Dreizehenspecht, Rauhfußkauz, Sperlingskauz, Hohltaube und Schwarzstorch zu Hause.

Durch die Zielsetzung des Nationalparks, die Natur sich gänzlich selbst zu überlassen, kam es ab den 90er Jahren zwischen den Nationalpark-Bergen Rachel und Lusen zu einem großflächigen Walderneuerungsprozess. Kilometerweit starben durch die Massenvermehrung des Borkenkäfers ganze Waldabteilungen (alter Bergfichten) ab, verabschiedete sich der von Generationen von Förstern gehegte Wirtschaftswald für immer. Doch wo das Alte stirbt, regt sich neues Leben, entsteht eine Waldwildnis mit neuem Gesicht. Durch das Absterben der Bäume gelangt mehr Licht auf den sonst dunklen Waldboden, was nicht nur das Keimen und Wachsen junger Bäumchen ermöglicht, sondern auch die Entfaltung einer artenreichen Blumen-. und Beerkrautschicht. So entstehen verschiedenste Lebensräume mit gutem Nahrungsangebot und Unterschlupf-, Brut- und Aufzuchtmöglichkeiten. Nur im Randbereich des Nationalparks wird der Borkenkäfer auf einem 500 bis 1000 m breiten Streifen zum Schutz der angrenzenden Privatwälder konsequent bekämpft. Ansonsten wird das Gebot, Natur Natur sein zu lassen, auch künftig auf drei Vierteln der Nationalpark-Fläche befolgt.

Zwischen Rachel und Lusen hat der Borkenkäfer den alten Bergfichtenwald abgetötet

Das grüne Dach Europas

Grenzenloses Wandern vom Bayerischen Wald in den Böhmerwald nach Tschechien

Der Nationalpark Bayerischer Wald, der sich auf deutscher Seite auf einer Länge von 40 km zwischen den Grenzorten Mauth und Bayerisch Eisenstein ausdehnt, setzt sich fast spiegelgleich dazu im benachbarten Böhmerwald-Nationalpark (Šumava) fort. Der Bergkamm zwischen Deutschland und Tschechien hat seit urdenklichen Zeiten die Bayern mit den Böhmen eher verbunden als getrennt, denn die Route über den Kamm war stets ein bedeutender Handelsweg gewesen. Erst mit der Errichtung des Eisernen Vorhangs wurden die engen Beziehungen auf drastische Weise zerrissen.

Aus Schwertern wurden gewissermaßen Pflugscharen, als im Jahre 1989 mit Václav Havel als Staatsoberhaupt der Tschechischen Republik eine Liberalisierung und der demokratische Neubeginn im Nachbarland des Bayerischen Waldes eingeleitet wurde. Der Eiserne Vorhang wurde niedergerissen, dort, wo einst Spanische Reiter, Stacheldraht und Hundelaufsperren jegliche Begegnung im grenznahen Niemandsland verwehrten, entstanden neue Wanderwege für Tschechen und Deutsche.

Erstmals nach über 40 Jahren konnte 1990 das militärische Sperrgebiet der Tschechen von In- und Ausländern wieder frei betreten werden. Da in diesem Zeitraum im gesamten Grenzstreifen auch keine landwirtschaftliche Nutzung stattfand, zeigt sich nun eine ganz eigenartige, urwüchsige Landschaft voller Einsamkeit, die allemal eine Wanderung von Bayern hinüber nach Böhmen lohnt.

Die heute wieder gut nachbarlichen Beziehungen haben die Nationalparkverwaltungen Bayerischer Wald in Grafenau und die Verwaltung des Böhmerwaldes genutzt, um gemeinsam zu grenzüberschreitenden Wanderungen einzuladen. Seit 1991 gehört der böhmische Grenzstreifen zum fast 700 km² großen Národní park Šumava (Nationalpark Böhmerwald), der zusammen mit dem Nationalpark Bayerischer Wald und angrenzenden bayerischen Waldgebieten die größte zusammenhängende unbesiedelte und nicht von Straßen zerschnittene Waldfläche Mitteleuropas schützt. Diese nach Größe und Ursprünglichkeit einzigartige europäische Waldlandschaft beherbergt eine Vielfalt an seltenen Tieren wie Luchs, Fischotter, Birk- oder Auerhahn und Pflanzen wie

den Böhmischen Enzian oder die Zwergbirke.

Die Nationalparkverwaltung Bayerischer Wald geht mit umweltfreundlichem Beispiel voran, wenn sie in der Zeit von Juni bis Oktober Einheimische wie auch Gäste von Finsterau mit einem Elektrobus zum deutsch-tschechischen Grenzübergang Buchwald zu erlebnisreichen Wandertouren bringt und auch wieder abholen lässt. Jedes Jahr wird dazu ein neues Infoblatt mit dem aktuellen Fahrplan (Halbstunden-Pendelverkehr) herausgegeben, das bei der Nationalparkverwaltung in Grafenau und bei den Verkehrsämtern des Nationalpark-Vorfelds erhältlich ist. Um die schönsten Ecken des Böhmerwald-Nationalparks kennenlernen zu können, bieten die beiden Nationalparkverwaltungen drei Wanderungen an, die gut markiert sind. Im Böhmerwald verzichtet man auf Numerierung der Wege und ersetzt diese durch unterschiedliche Farben.

Die einst so gut bewachte Grenze hat heute fast nur noch symbolische Bedeutung. Mehrere »Grüne Grenzen«, unbesetzte Grenzübergänge, die von Wanderern und Radfahrern ohne Formalitäten passiert werden können, fördern den friedlichen Verkehr zwischen beiden Ländern (s.S. 138).

Zentrale Informationsstelle für Wandern und Urlaub auf dem »Grünen Dach Europas« ist der Tourismusverband Ostbayern e.V., Luitpoldstr. 20, 93047 Regensburg, Tel. 0941/5 85 39-0, Fax 0941/5 85 39 39, E-Mail: tourismus@ostbayern.btl.de; Internet: www.ostbayern-tourismus.de.

Der gläserne Wald

Wenn auch entlang des bayerisch-böhmischen Grenzgebirges von den einstmals 62 nur noch ein gutes Dutzend Glashütten und -schleifereien existieren, so schlägt hier doch immer noch das »gläserne Herz« Mitteleuropas. Bereits seit über 650 Jahren ist die Glasherstellung im Bayerischen Wald zu Hause. Die Glashütten waren es auch, die wesentlich zur Rodung und Besiedlung dieser Region beigetragen haben. Nicht nur die 150 km lange Quarzader des Pfahls, eines einzigartigen Naturdenkmals, das vor allem bei Weißenstein unweit von Regen und bei Viechtach mit mächtigen Felstürmen zu Tage tritt, lieferte den Quarz als begehrten Grundstoff zur Glasherstellung. Auch anderswo konnte dieser in reicher Fülle abgebaut werden. Auch das zum Glasschmelzen in gigantischen Mengen benötigte Holz fand sich in den Urwäldern sozusagen direkt vor der Haustür. Ortsnamen mit den Endsilben »hütte« oder »reuth« weisen zumeist darauf hin, dass hier einst eine Glashütte stand bzw. der Ort auf einer Rodungsinsel entstanden ist.

Zu den ältesten auch heute noch auf dem Weltmarkt zählenden Glasmacherorten im Bayerischen Wald zählen Frauenau, Spiegelau, Riedlhütte und Zwiesel. Hier kann man zu äußerst günstigen Preisen beim Werksverkauf nicht nur maschinengefertigtes, sondern auch mundgeblasenes und handgeschliffenes Kristallglas sowie wertvolle Souvenirs der Glaskunst erwerben. Angeboten werden allerorts fast tägliche Führungen durch die Glashütten, wo man nicht nur die Glasmacher bei ihrer schweißtreibenden Arbeit beobachten, sondern auch selbst einen Blick in die Glutaugen der Glasöfen werfen kann. Über Schauglashütten informieren die Verkehrsämter des Bayerischen Waldes mit eigenen Broschüren.

Wie Glasperlen auf einer 250 km langen Kette sind die Werkstätten auf der (gut ausgeschilderten) »Glasstraße« zwischen Neustadt an der Waldnaab und Passau aufgereiht. Und für Wanderer gibt es seit neuestem auch vom oberen in den mittleren bayerischen Wald einen »Glassteig«, der zu den historischen Wurzeln der Glasherstellung führt.

Glas ist hier fast allgegenwärtig, denn vom Gebrauchsglas über Kronleuchter aus funkelndem Bleikristall bis hin zu kunstvollen Hinterglasbildern ist dieser Werkstoff, der aus einer bei Temperaturen zwischen 1200 und 1500 °C rotglühend gemachten Masse aus Quarzsand, Soda und Kalk hervorgeht, in all seiner Mystik zu erleben.

Allein im Zwieseler Winkel in der Arber-Gegend haben sich über 40 kleinere Lampenglasbläsereien, Glasmalerstudios, Graveur-Ateliers und Glasdesigner angesiedelt, die gern in ihre Werkstätten einladen. Aber Vorsicht: Das Sammeln kunstvoller Gläser kann zur Leidenschaft werden!

Wer sich die Gläser nicht in die eigene Vitrine stellen möchte, besucht die Glasmuseen in Frauenau oder in Passau. Die Drei-Flüsse-Stadt besitzt die weltweit größte Sammlung von bayerischen und böhmischen Gläsern aus dem 18.–20. Jh.

Die Glasherstellung verlangt viel Kunstfertigkeit

Auf den Spuren der Holztrifter

Der Waldreichtum des Bayerischen Waldes wäre ohne die Flüsse und Bäche, die ihn durchziehen, bis vor wenigen Jahrzehnten wirtschaftlich gar nicht nutzbar gewesen. Denn die Saumpfade, die das Gebiet durchzogen, waren für den Holztransport nicht geeignet. Die Stämme – sie waren 10 –30 m lang – waren viel zu groß und zu schwer, als dass man sie mit Lasttieren hätte transportieren können. Daher wurde schon im 14. Jh. die Holztrift, auch »Fludern« oder »Flößen« genannt, eingesetzt. Die schweren Baumstämme wurden ins Wasser geworfen und von Flößern auf kleinen, aus ein paar Brettern gezimmerten »Blochflößen« begleitet.

Die Blütezeit des Triftwesens war das 19. Jh. In den ersten Jahrzehnten stieg in den Städten der Bedarf an Brennholz mächtig an und erreichte in den 40er Jahren eine un-

geahnte Höhe. Zu dieser Zeit begann auch ein bedeutender Handel mit Roh- und Schnittholz. Ansehnliche Preise wurden gezahlt und führten zu einem nie dagewesenen Aufschwung für Waldarbeit und Holzhandel. Um das Holz in großen Mengen zu Tal bringen zu können, wurden regelrechte »Holzstraßen« gebaut. Die Triftstrecke führte von Ludwigsthal über Zwiesel, Cham, Regensburg, den Donau-Main-Kanal und den Rhein bis nach Holland.

Um die Bäche überhaupt erst triftbar zu machen, war eine Reihe von baulichen Veränderungen nötig. Zunächst wurden die sogenannten Schwellen gebaut, an denen das Wasser angestaut wurde (Rotbachschwelle, Hirschbachschwelle, Höllbachschwelle, Schleicherschwelle, Deffernikschwelle, Schmalzbachschwelle). Auch aus dem Arbersee konnte Wasser zur Holztrift entnommen werden. Um die Schwellen mit genügend Wasser zu füllen, wurden teilweise Wasserüberleitungskanäle gebaut, wie man etwa auf dem Kneippweg von der Großen Deffernik hinüber zum Schwellhäusl sehen kann (siehe Tour 23). Dann mussten die zur Trift nötigen Bäche begradigt und die Ufer mit Steinen und Holz befestigt werden. Das Flussbett wurde so hergerichtet, dass möglichst wenig Widerstand für die Holztrift gegeben war.

Das Ausmaß der Holztrift und die Vorbereitungen, die dazu nötig waren, waren teilweise gigantisch. Die Blöcher mussten schon im Winter mit den Holzzugschlitten über die Ziehbahnen an die Triftbäche gebracht werden. Mehrere Monate vor einer Trift fand eine aufwendige Flussbettreinigung statt. Zur Trift wurden dann an den Schwellen die Schleusentore gezogen. Zwei bis drei Leute waren für die Bedienung nötig. Der Wasserschwall riss das im Flussbett abgelagerte Holz mit fort. Man wusste stets genau, in welchen Zeitabständen die einzelnen Schleusen gezogen und die Schwellen abgelassen werden mussten, damit ein maximaler Wasserschwall entstand.

Für die Region brachte die Holztrift einen bedeutenden wirtschaftlichen Aufschwung. Allein im Sommer 1895 fanden 16 große Bloch- und Brennholztriften statt. Entsprechend hoch war der Bedarf an Arbeitskräften. Im Winter zum Schlittenzug und im Frühjahr, Frühsommer und im Sommer zur Flößerei wurden viele Arbeiter gebraucht, Helfer mussten am Ufer aufpassen und das gestrandete Holz wieder in die Bäche werfen. Die Holztrift war aber auch gefährlich, z. B. wenn sich Holz verkeilt hatte. Es kam vor, dass Menschen dabei zu Tode kamen. In dieser Zeit kamen Flößer aus Kronach, die sogenannten »Kranacher«, in den Bayerischen Wald und begründeten die bis dahin nur lose bestehende Flößerzunft. Sie hatten ihre festen Zunftlokale und sogar eine Fahne. Nur große, bärenstarke Männer wurden aufgenommen. Sie arbeiteten schwer, versaßen aber auch oft viele Tage hintereinander in den Wirtshäusern.

Die größte Holztrift überhaupt dürfte die Trift im Mai 1874 gewesen sein. Damals lag auf Grund des großen Sturmes im Winter 1870/71 sehr viel Holz in den Wäldern. Außerdem fiel sehr spät noch Schnee, so dass viel Schmelzwasser zu erwarten war. Die letzte größere Holztrift fand 1959 statt. Einige kleinere Triften wurden noch bis zum Jahr 1969 abgehalten. Dann wurde der Holztransport mehr und mehr über die Forststraßen und mit Hilfe von Lkws bewältigt.

Die Triftbarmachung der Bäche stellt allerdings heute ein Problem für Kleintiere und Fische in den Gewässern dar. Dadurch, dass die Ufer begradigt sind und Flussbiegungen mit Gumpen oder größere Steine im Gewässer fehlen, ist die Gefahr groß, dass bei Hochwasser oder Schneeschmelzen sämtliche Fische flussabwärts gerissen werden. Aus diesem Grund müssen heute aufwändige Renaturierungen durchgeführt werden. Die einstigen Schwellen dagegen verlanden mit der Zeit von selbst.

Den Nationalpark zu Füßen

Auf den Großen Rachel, den höchsten Gipfel des Nationalparks

Der Rachel ist der zweithöchste Berg im Bayerischen Wald und der höchste im Nationalpark. Weit öffnet sich vom Gipfel der Blick über den mittleren Bayerischen Wald bis in den Böhmerwald. Hoch über dem Rachelsee lädt die Rachelkapelle zu Rast und innerer Einkehr.

DIE WANDERUNG IN KÜRZE

+++
Anspruch

8 Std.
Gehzeit

700 m
An-/Abstieg

Charakter: Mittelschwere, lange Tour; langsam ansteigender, gut markierter Sandweg, nach dem Rachelsee etwas steiler

Markierung: »Ahornblatt«, »Auerhahn«

Wanderkarte: Topographische Karte 1:50 000, Uk 5029, Naturpark Bayerischer Wald östl. Teil/Nationalpark Bayerischer Wald; , Fritsch Wanderkarte Nr. 120, 1:35 000, Zwieseler Winkel

Einkehrmöglichkeiten: Waldschmidthaus (Mitte Mai–Ende Okt.), Gaststätten in Spiegelau und Klingenbrunn-Bahnhof

Anfahrt: Tägliche **Bahn-** und **RBO-Busverbindun-** gen nach Spiegelau und Klingenbrunn aus Richtung Zwiesel und Grafenau. Mit dem **Pkw** nach Spiegelau, dann weiter Richtung Bahnhof und Nationalpark-Waldspielgelände. Unweit davon ist ein P+R-Großparkplatz mit Infostelle über den Buspendelverkehr (**»Igel-Busse«**). Die Zufahrt ist bis zum Nationalpark-Parkplatz gestattet.

Hinweise: Die Grafenauer Nationalparkverwaltung, Tel. 0 85 52/9 60 00, hat ein Faltblatt mit Vorschlägen zur Nutzung der öffentlichen Verkehrsmittel in Verbindung mit Rachel-Tagestouren herausgegeben, das auch in den Verkehrsämtern im Nationalpark-Vorfeld erhältlich ist.

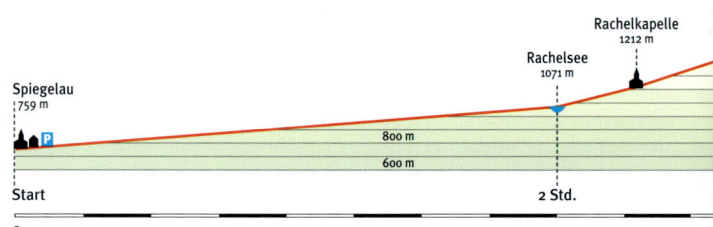

Die Tageswanderung beginnt im traditionellen Glasmacher- und Erholungsort **Spiegelau,** wenige hundert Meter nordöstlich des Bahnhofs, am **Nationalpark-Parkplatz Waldspielgelände.** Der Markierung »Ahornblatt« folgend, kommen wir am Waldspielplatz und Kindererlebnisbereich des Nationalparks vorbei zur Einöde **Jägerfleck.** Nach kurzem Anstieg führt der Weg leicht bergab in das Naturschutzgebiet **Föhrau-Filz.** Auf den mächtigen Torfschichten dieses Hochmoors gedeihen nur anspruchslose Pflanzen, die sich auf den nährstoffarmen Lebensraum spezialisiert haben, wie z. B. Torfmoose, Wollgras, Rauschbeere. Wo die Wurzeln bis zum Mineralboden reichen, kommen Latschen und Birken vor. Das Moor wurde früher auf einem Knüppeldamm, im Volksmund »Ochsenklavier« genannt, überquert. Auf diesem Pfad trieb man auch die Rinder zur Weide in die Hochlagen. Heute wird das sensible Hochmoor umgangen, doch von einer Plattform aus kann man diese einzigartige Moorfläche gut einsehen.

Am »Ochsenklavier« vorbei wandern wir durch die Kerngebiete des Nationalparks Bayerischer Wald. Hier gilt zum Schutz einer natürlichen Waldentwicklung absolutes Wegegebot, das heißt, dass man beim Verlassen des ausgewiesenen Wanderweges mit einer Verwarnung der auf Streife gehenden Nationalparkwacht rechnen muss.

Nach einem leichten Anstieg führt der Wanderweg hinauf zur **Feisternberg-Unterstellhütte.** Ab hier folgen wir der Markierung »Auerhahn«. Der lohnende Abstecher zum Aussichtspunkt Bankl ermöglicht einen guten Ausblick auf die weiten Hänge zwischen Rachel und Lusen. Es geht weiter zur Waldabteilung »Roßstall«, wo der aus dem Rachelsee kommende Seebach überquert wird und der Wanderweg von der Rachel-Diensthütte heraufkommt. Der Weg zum 14 m tiefen **Rachelsee** (2 Std.) verläuft auf dem Moränenwall des Rachelseegletschers. In der gesamten Umgebung des Sees stehen mächtige Urwaldriesen.

Vom geheimnisvollen Rachelsee führt der Weg hinauf zur 1972 abgebrannten und wieder aufgebauten **Rachelkapelle,** die der Legende nach ein Forstmeister aus Dankbarkeit errichtete, weil ihn sein Pferd beim Ritt durch die finsteren Wälder vor dem Absturz über einen Felsen bewahrte. Die Rachelkapelle mit Blick auf den See ist eines der beliebtesten Ziele von Bayerwaldwanderern. Bereits vor hundert Jahren stand hier eine erste Kapelle. Totenbretter erinnern an jene Waldler, die sich um dieses schlichte religiöse Kleinod besonders verdient

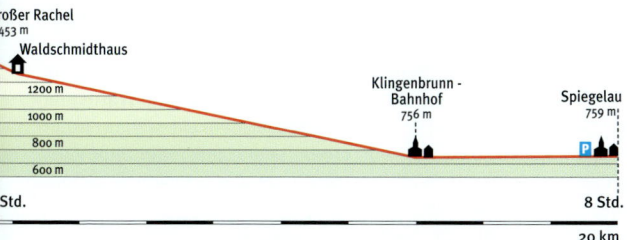

gemacht haben. Gedacht wird hier auch des Spiegelauer Holzschnitzers Hans Lendner, von dem die Holzplastiken in der sparsam ausgestatteten Kapelle stammen.

Der weitere Verlauf des Auerhahnweges führt über steinige Treppen zum **Großen Rachel** hinauf, der von einem majestätischen Gipfelkreuz gekrönt ist (4 Std.). Nach allen Himmelsrichtungen eröffnet sich die herbe Gebirgslandschaft: Im Norden die weitläufigen Wälder des Böhmerwaldes mit Blick zum Maderplateau mit seinen großflächigen Hochmooren, im Nordwesten die Schachten, Falkenstein und Arber, im Süden die Berge des Vorderen Bayerischen Waldes mit dem Brotjacklriegel. Nach Südosten schweift der Blick über den gesamten Nationalpark mit seinen Grenzbergen Plattenhauser Riegel, Spitzberg und Lusen; am Horizont ist der Dreisessel deutlich erkennbar. An klaren Tagen erscheint die etwa 200 km entfernte Alpenkette zum Greifen nah. Direkt am Gipfel gibt es auch eine Bergwachtschutzhütte, die aber nur in der Hauptwanderzeit und dann nur an Wochenenden besetzt ist.

Nach 10 Minuten Abstieg erreichen wir das 1912 als Unterkunftshaus errichtete **Waldschmidthaus,** das nach einem Bayerwald-Dichter benannt ist. Es wird von Mitte Mai bis Ende Oktober bewirtschaftet und erwartet den Wanderer mit einer guten Rachelbrotzeit. An sonnigen Tagen laden die auf dieser Waldlichtung aufgestellten Ruhebänke zum Verweilen ein. Vom Rand der Bergwiese, unweit des Waldschmidthauses, bietet sich ein herrlicher Ausblick weit über das gesamte Nationalparkgebiet mit seinen teilweise durch den Borkenkäfer verursachten Waldschäden und hinunter zum Rachelsee. Hier auf der Rachelwiese weideten einst Jungrinder. Der Abstieg vom Waldschmidthaus, führt zunächst ca. 15 Min. auf dem Auerhahnweg weiter und folgt dann an einer Waldschneise rechts der Markierung »Bärlapp 2« auf dem Klingenbrunner Rachelsteig. Parallel zur Flanitz führt der Weg auf einer Forststraße zum Bahnhof Klingenbrunn.

Etwa 1 km vor dem Ort **Klingenbrunn-Bahnhof,** einem Weiler mit weitverstreuten Häusern und kleineren Gasthäusern, führt der Wanderweg direkt der Flanitz entlang zu einem Nationalpark-Parkplatz am Ostrand des Dorfes. Auf der linken Seite des Weges sieht man noch die Spuren eines Moores, der »Klingenbrunner Au«, auch »Filzau« genannt. Von Klingenbrunn-Bahnhof gehen wir dann entlang der an Werktagen noch betriebenen Bahnlinie von Zwiesel nach Grafenau weiter, der Markierung »Baumgruppe« folgend, wobei wir zum Waldhüttenbach und dann an das rechte Ufer der Schwarzach gelangen.

Kurz vor dem Ziel erwarten den müden Wanderer noch zwei Überraschungen: eine Kneippanlage, in der man in den moorhaltigen Wassern der Schwarzach ein erfrischendes Fußbad nehmen kann, und der **Gemeindepark** von **Spiegelau** mit kleinen Weihern und Spazierwegen. Der 7 ha große Erholungspark bietet Möglichkeiten zum Entspannen und viele lehrreiche Angebote zum intensiven Naturerleben.

Nach rund 500 m erreichen wir dann den Parkplatz am **Waldspielgelände,** an dem ein weiterer Naturerlebnispfad mit Abenteuerspielplatz für Kinder angelegt ist (8 Std.).

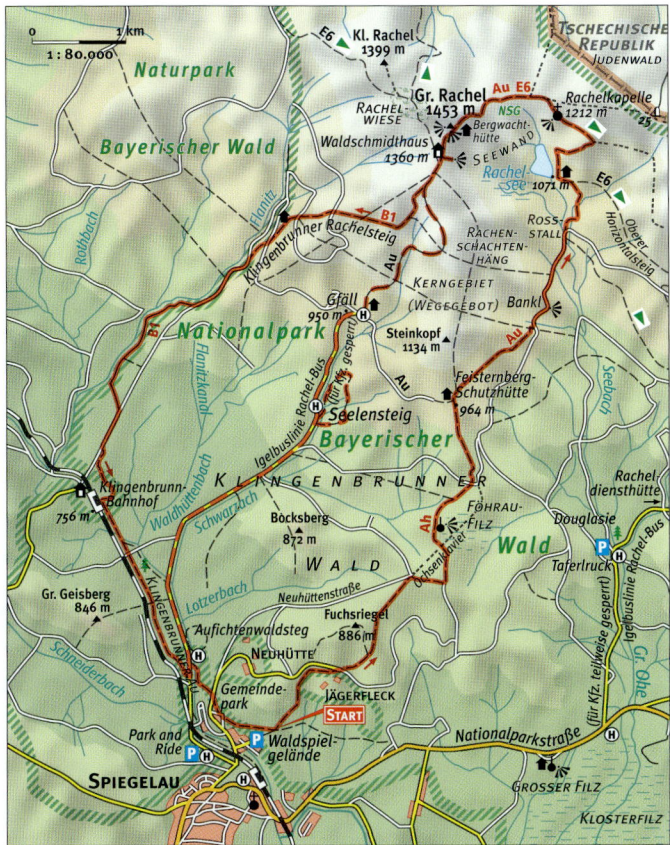

Der Seelensteig

Um das Werden und Vergehen der Wälder auf engstem Raum zu dokumentieren, hat die Nationalparkverwaltung in den Rachelwäldern den **Seelensteig** angelegt. Mit einem 1,3 km langen Holzsteg wurde ein sonst nur schwer zugängliches Stück Naturwald erschlossen, in dem bereits vor 25 Jahren die Waldnutzung total eingestellt wurde. Dieser Rundweg vermittelt einen optimalen Einblick in einen unberührten Wald, der durch Windwurf und den darauf fol-

genden Borkenkäferbefall verändert wurde.

Der Schriftsteller und Naturfilmer Horst Stern hat die Texte der den ganzen Rundweg begleitenden Informationstafeln verfasst: »Es braucht nicht nur der Mensch den Wald. Es braucht auch der Wald den Menschen, der ihn schützt. Darum dieser Steg. Er heißt Seelensteig. Mögen alle, die ihn gehen, sich angerührt fühlen von den Bildern des Lebens und des Sterbens, die er ihnen erschließt. Wald ist das Miteinander und Füreinander. Wald lehrt uns, dass Monotonie den Geist verdüstert und das Leben gefährdet...« Auf weiteren Tafeln findet man Aphorismen und Gedichte zur Beziehung zwischen Mensch und Wald, u. a. von Rainer Maria Rilke, Bert Brecht, Erich Kästner und Hermann Hesse

Es gibt zwei Möglichkeiten, den Seelensteg zu erreichen. Zum einen lässt sich der Abstieg vom Rachel Richtung Gfällparkplatz (Markierung »Auerhahn«) abkürzen. Von dort ist es nur 1 km bis zum Seelensteig. Den Einstieg zu dieser Abkürzung findet man ein paar Gehminuten unterhalb des Waldschmidthauses. Vom Seelensteig aus kann man auf dem Rückweg entlang des kleinen Schwarzach-Bächleins auf der Schwarzachstraße direkt zum Großparkplatz (P+R) nach Spiegelau weiterwandern. Zum anderen verkehren zwischen den beiden Parkplätzen alle 30 Minuten die Igelbusse (ab Ende Mai bis 31. 10. tägl. 8.35–18.17 Uhr).

Totenbretter

Zeugnisse des Volksglaubens sind die freistehenden oder an Scheunen-, Haus- und Kapellenwänden angebrachten Totenbretter. Als man noch keine Särge und Leichenhäuser kannte, wurde der Tote zu Hause auf einem Brett aufgebahrt. Mit diesem wurde er auch, in ein Leintuch gehüllt, zu Grabe getragen. Das Brett wurde dann über der Grube in Schräglage gebracht, so dass der Verstorbene in die Tiefe glitt.

Daher kommt der Ausdruck »Er ist vom Brett gerutscht«, was nichts anderes bedeutet als »Er ist gestorben«.

In der Regel ließ man in Ostbayern sein Totenbrett schon zu Lebzeiten von einem Schreiner anfertigen. Hatte es dann seinen Zweck erfüllt, diente es oft als Steg über ein Bächlein oder einen Graben. Nach dem Volksglauben war man der Ansicht, dass der Tote erst dann das Fegefeuer verlassen und in den Himmel aufsteigen könne, wenn das Brett endgültig verfault war. Von der Kirche wurde diesem Volksglauben nicht widersprochen.

Die Totenbretter waren zum Teil kunstvoll ausgeschmückt. In der Gegend um Cham wurden ›Lebensuhren‹ darauf gemalt, die die genaue Todesstunde anzeigten. Die dazugehörigen Verse mussten nicht immer todernst sein. Auf einem »Marterl« bei Passau ist zu lesen: »Hier liegen die Gebeine von mir; Mir wär's lieber, sie wären von Dir!« Und auf dem Weg zum Rachel ist folgende Bitte lesen: »Wandrer, steh' und bet für mich, ich glaub', wir brauchens, Du und ich. Zum Dank dafür tu' ich Dir kund' zum Rachel sind's dreiviertel Stund'.«

Wer an einem Totenbrett vorbeikam, der unterließ es früher nie, kurz stehenzubleiben, sich zu bekreuzigen oder ein Vaterunser für den Verstorbenen zu beten. Nach dem Volksglauben profitierten schließlich beide davon, die Seele des Verstorbenen und die des Betenden.

Wo der Teufel mit Steinen warf

Von Waldhäuser über die »Himmelsleiter« zum Lusen

Der Lusen ist die markanteste Erhebung des bayerisch-böhmischen Grenzgebirges. Der Sage nach war es der Teufel, der einst den Gipfel in ein riesiges Blockmeer verwandelt hat – die Geologen führen das Phänomen allerdings auf die Eiszeit zurück.

DIE WANDERUNG IN KÜRZE

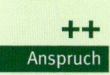

++
Anspruch

4 Std.
Gehzeit

350 m
An-/Abstieg

Charakter: Mittelschwer; im Gipfelbereich gibt es einen steilen Anstieg, die restliche Wegstrecke ist eher gemütlich. Trittsicherheit erforderlich.

Markierung: »Schwarzer Luchs«

Wanderkarte: Topographische Karte 1:50 000, UK 5029, Naturpark Bayerischer Wald, östl. Teil/Nationalpark Bayerischer Wald; Fritsch Wanderkarte Nr. 60, 1:50 000, Mittlerer Bayerischer Wald

Einkehrmöglichkeiten: Gaststätten in Waldhäuser, Lusenschutzhaus (geöffnet Ostern bis Allerheiligen, Weihnachten bis 6. Jan)

Anfahrt: Mit den **»Igel-Bussen«** von Grafenau (P+R-Großparkplatz am Spiegelauer Kurpark) oder anderen Orten im Nationalpark-Vorfeld nach Waldhäuser. **Mit dem Pkw:** Von Spiegelau über die Nationalparkstraße bis zur Abzweigung nach Waldhäuser, von Grafenau über Sankt Oswald, von Freyung über Schönbrunn, Nationalpark-Infozentrum, Nationalparkstraße bis zum Parkplatz über Waldhäuser.

Hinweis: Die Straße zum Lusenparkplatz ist für den PKW-Individualverkehr gesperrt.

Vom **Parkplatz** hoch über **Waldhäuser,** den ein Gedenkstein für den Waldhäuserer Bildhauer Heinz Theuerjahr schmückt, wandern wir nach Osten (rechts) auf geteerter Straße zum Parkplatz am Fuße des Lusen. Am **Lusen-Parkplatz** (45 Min.; Toilette, Unterstellhütte) suchen wir in westlicher Richtung den »Sommerweg« mit der Markierung »Schwarzer Luchs«. Nach 10 Min. Gehzeit auf dieser einstigen Salzhandelsstraße, die hinüber ins Böhmische führte und auch als »Guldensteig« bekannt ist, erinnert ein Gedenkstein, der 1872 im Rahmen einer Wallfahrt zum Heiligen Berg in Příbram (Tschechien) zum Dank für das Ende der Borkenkäferplage und der überstandenen Stürme des Jahres 1869 aufgestellt wurde.

Gerade in dieser Waldabteilung hat sich der Borkenkäfer unter den für ihn günstigen Bedingungen

(schneearme Winter und trocken-warmes Frühjahr) massenhaft vermehrt und die teils über hundert Jahre alten Fichtenbestände abgetötet. Doch im Schutze der alten Baumskelette wächst bereits ein neuer Wald heran. Es zeigt sich hier ein wahrer Geisterwald. Damit Wanderer auf den Hauptwanderwegen nicht durch umstürzende Bäume oder herabfallende Äste gefährdet werden, sind zu beiden Seiten der Wege, so auch bei der »Himmelsleiter«, auf einem 20 m breiten Streifen abgestorbene Bäume gefällt worden.

Wir zweigen nach rechts zum Aufstieg über die **Böhmweg-Unterstellhütte** ab, die sich für eine Verschnaufpause anbietet, und sehen vor uns den Gipfelaufstieg, die aus rund 500 Felsblockstufen bestehende »Himmelsleiter«. Die teils

über eineinhalb Meter langen Granitquader sind von der Landkartenflechte gelbgrün überzogen. Der Nord- und Osthang der Lusenkuppe ist von einem Latschenfeld (Krummholzkiefer) gekrönt. In strengen Wintern, wenn eiskalte Winde diese sturmgewohnten Bäume mit Eis und Schnee umhüllen, erscheinen sie fast wie Schneegeister.

Nach der Gipfelrast auf dem **Lusen** (2.15 Std.) unter dem hölzernen, im Jahr 1992 nach einem winterlichen Blitzschlag neu errichteten Gipfelkreuz, wenden wir uns nach Osten dem Abstieg zu, nicht ohne vorher den Blick über den Nationalpark hinweg zum Vorwald und hinüber ins Böhmische zu genießen, da ja die Grenze direkt zu Füßen des Lusen verläuft. Nur ein paar Minuten und 30 Höhenmeter tiefer lädt das **Waldvereins-Schutzhaus,** zugleich auch

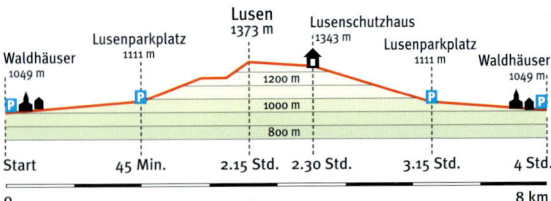

Gipfelglück: Blick vom Lusen in den Böhmerwald

Rotkreuz-Bergwachtmeldestelle, zur Einkehr ein. Besonders zu empfehlen sind hier einfache und preisgünstige Gerichte wie Schweinsbraten, Leberknödelsuppe, Erbseneintopf und Käsespätzle.

Die Talwanderung folgt den Markierungen »Luchs«, »Farn« sowie dem grünem Pfeil auf dem bequem begehbaren, vom Schutzhüttenwirt mit Geländewagen auch befahrbaren »Winterweg«, der im Sommer die Hauptlast des wandernden Touristenverkehrs trägt, und erreicht nach 45-minütigem Abstieg den **Lusen-Parkplatz** (3.15 Std.). In einer weiteren Dreiviertelstunde kommt man über die gut ausgebaute Straße schließlich wieder zum hoch über **Waldhäuser** gelegenen **Parkplatz** (4 Std.).

Winterwanderung

Wenn auch nicht über die »Himmelsleiter«, sondern nur über den so genannten Winterweg, also unsere Abstiegsroute, ist der Lusen auch im Winter zugänglich. Das Schutzhaus ist allerdings im Winter nur von Weihnachten bis zum 6. Januar bewirtschaftet; in milden Wintern öffnet es aber auch bei schöner Witterung an den darauf folgenden Wochenenden (Auskunft bei den Verkehrsämtern).

Tour 3

Bizarre Felsbastionen

Auf schattigen Wegen durch das Nationalpark-Felswandergebiet

Das Felswandergebiet zählt zu den attraktivsten Zielen des National-parks. Nach einem ziemlich steilen Anstieg locken Aussichtspunkte mit weitem Blick auf den Vorwald bis hin zur Donau. An bizarren Fels-bastionen wachsen Farne, Bärlapp und das seltene Leuchtmoos.

DIE WANDERUNG IN KÜRZE

++
Anspruch

2 Std.
Gehzeit

2 km
Länge

Charakter: Steiler, aber trittsicherer Anstieg auf gut ausgebauten und mar-kierten Wegen. Die Steil-stücke können auf Stein-treppen bewältigt werden.

Markierung: »Haselhuhn«

Wanderkarte: Topographi-sche Karte 1:50 000, UK 5029, Naturpark Bayeri-scher Wald, östl. Teil/ Nationalpark Bayerischer Wald; Fritsch Wanderkarte Nr. 60, 1:50 000, Mittlerer Bayerischer Wald

Einkehrmöglichkeiten: Unterwegs keine; nächste

Brotzeitstationen sind das Wirtshaus am National-park-Informationszentrum bei Neuschönau sowie Gasthäuser in Neuschönau oder in Mauth.

Anfahrt: Mit dem **Igelbus** von den Orten im Vorfeld des Nationalparks; mit dem **Pkw:** Von Freyung über Schönbrunn am Lusen zum Parkplatz am Jugendwaldheim; von Gra-fenau über Rosenau, Schönanger, Neuschönau zur Nationalparkstraße.

Das Felswandergebiet kann am bes-ten vom **Parkplatz Felswandergebiet** am Nationalpark-Jugendwaldwohn-heim aus ›erobert‹ werden. Hier gibt es neben einer Informationstafel auch Ruhebänke und eine Toilette.

Unmittelbar an diesem Rastplatz folgen wir der Markierung »Hasel-

huhn« nach links durch einen lichten Mischwald. Nach 15 Minuten Gehzeit stoßen wir auf einen besandeten Waldweg, von dem wir dann im rech-ten Winkel nach rechts abbiegen, wo uns wiederum zwei Ruhebänke und eine Infotafel empfangen. Dann geht es steil bergan. Immer wieder müssen die Felsbastionen dieses aus Gneis aufgebauten Bergrückens umwan-dert werden. Steinstufen, die von vie-len Holzhauergenerationen angelegt wurden, erleichtern den Aufstieg. Für Mineraliensammler ist interessant, dass im Gneisgestein Quarzbänder und Mineralmassen eingelagert sind.

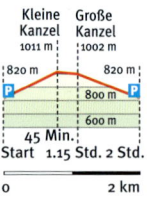

Kleine Kanzel 1011 m · Große Kanzel 1002 m
820 m · 820 m
800 m
600 m
45 Min.
Start · 1.15 Std. · 2 Std.
0 · 2 km

Am letzten Abkürzungsweg in der Nähe der **Kleinen Kanzel** steht dem Wanderer für Wetterumschwünge auch eine Schutzhütte zur Verfügung.

Dreimal ist es möglich, markierte Abkürzungen zum Ausgangspunkt zu nehmen. Nachdem man aber hier bereits in der Gipfelregion des Steinberges angelangt ist, empfiehlt es sich doch, den gesamten Rundweg zu gehen, der am Scheitelpunkt auch noch einen Abstecher zur **Großen Kanzel** ermöglicht, von der sich eine herrliche Aussicht bietet. Unterwegs tritt einmal mehr der felsige Untergrund des größten europäischen Waldgebirges mit seinen phantastischen Verformungen zutage.

Überaus romantisch ist der Abstieg, der immer wieder durch einen von alten Tannen durchzogenen Bergmischwald mit Ausblicken auf das Nationalpark-Vorfeld führt, der einmal zum Urwald für nachfolgende Generationen heranwachsen soll. Daher darf auch hier im Kerngebiet

des Nationalparks kein Baum mehr gefällt werden. Nur Sturm oder Borkenkäfer beeinflussen das Alter der Bäume und bestimmen das Werden und Vergehen in der Natur. In den alten Buchenbeständen sind so selten gewordene Waldbewohner wie Schwarzspecht und Dreizehenspecht zu Hause.

Der Weg zurück ist nicht mehr zu verfehlen, und nach einer Dreiviertelstunde ist der **Parkplatz Felswandergebiet** wieder erreicht (2 Std.).

In der Felswanderzone

Tour 4

Die dunklen Augen des Waldmeers

Im Waldgeschichtlichen Wandergebiet zur Reschbachklause

Im Waldgeschichtlichen Wandergebiet wird das Werden und Vergehen der Wälder deutlich: Die von Stürmen umgeknickten und vom Borkenkäfer befallenen Bäume vermodern dort, wo sie gefallen sind, und werden so zum Nährboden einer neuen Generation.

DIE WANDERUNG IN KÜRZE

+ Anspruch

3.15 Std. Gehzeit

6 km Länge

Charakter: Einfache Rundwanderung auf meist schattigen Wegen, die sich gut für Familien mit Kindern eignet. Etwas steiler ist nur der Anstieg zum Siebensteinkopf.

Markierung: »Kauz«, »Wasseramsel« und «Birkhahn«

Wanderkarten: Topographische Karte 1:50 000, UK 5029, Naturpark Bayerischer Wald, östl. Teil/ Nationalpark Bayerischer Wald; Fritsch Wanderkarte Nr. 60, 1:50 000, »Mittlerer Bayerischer Wald«

Einkehrmöglichkeiten: Unterwegs keine, Gasthäuser im Museumsdorf Finsterau und in Finsterau.

Anfahrt: Igelbusse« zwischen Freyung und Finsterau bzw. Spiegelau und Grafenau direkt zu den Parkplätzen Wistlberg und Schwellgraben. **Mit dem Pkw** von Westen über Spiegelau und die Natlonalpark-Straße bis Mauth und Finsterau. Von Süden über Grafenau und Neuschönau zur Nationalparkstraße und weiter nach Finsterau; von Osten sowie von Passau (B 12) über Freyung, Kreuzberg und Neuhütte nach Mauth und Finsterau. Die Straße zum Parkplatz ist vom 15. Mai bis Ende Okt. gesperrt, Buspendelverkehr ab Parkplatz Wistlberg.

2,6 km von **Finsterau** entfernt starten wir unsere Wanderung am **Nationalpark-Parkplatz Schwellgraben.**

Wenige Meter davon entfernt – in westlicher Richtung – begleitet zur rechten Seite ein Schwellgraben den

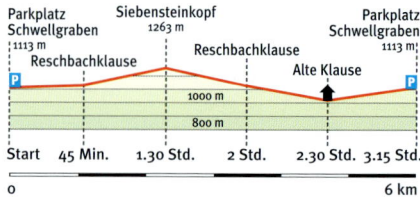

Dammweg (Markierung: »Kauz«). Auf Holztafeln werden Siedlungsgeschichte und Waldbau im vergangenen Jahrhundert, die Borkenkäfergefahr und die Situation des Waldes nach dem letzten großen Gewittersturm im Jahre 1983 erläutert. Gefällte Baumriesen liegen hier ineinander verkeilt; aus den vermodernden Baumstümpfen beginnt sich ein neuer Mischwald zu entwickeln, der die Fichten-Monokultur ersetzen wird.

Nach einem »fliegenden Pflanzgarten« – hier wurden einst auf großen Kahlflächen Fichtenkulturen

Urwüchsiger Wald am Reschbach

angelegt und pflanzreif gezogen – überquert man auf einem Holzsteg den Reschbach und damit zugleich das erste Wasserverteilungssystem auf diesem Lehrpfad, das früher zum Abtransport der Baumstämme nach der Schneeschmelze notwendig war. Hier konnten die wilden Wasser aus den Bergwäldern zur Alten Klause und zur Teufelsklause umgeleitet werden.

Nach einer dreiviertel Stunde ist die **Reschbachklause** erreicht, ein blaues Auge im riesigen Waldmeer.

Sie wurde mit großem Aufwand von der Nationalparkverwaltung saniert und bleibt als kulturhistorisches Denkmal erhalten, womit die Waldler die technischen Leistungen ihrer Vorväter bei der Bewirtschaftung der Wälder veranschaulichen wollen. Ein Rundgang um die Reschbachklause ist nicht gestattet; Ruhebänke gibt es daher nur im unteren, südlichen Teil des Seeufers.

Vom Damm der Reschbachklause führt der Weg mäßig steil zum Siebensteinkopf hinauf. Ausgangspunkt ist die Informationstafel am östlichen Ende des Dammes. Der Aufstiegsweg ist leicht begehbar. Nach etwa 20 Min. ist die deutsch-tschechische Grenze erreicht, an der man etwa 100 m entlang wandert. Sie ist durch weiß-blaue Grenzpfähle gekennzeichnet. Riesige Kahlschläge jenseits der bayerischen Grenze dokumentieren die erfolglosen Versuche der tschechischen Forstverwaltung, den Borkenkäfer zu bekämpfen.

Der **Siebensteinkopf** (1.30 Std.) verdankt seinen Namen der Tatsache, dass man einst gleich von sieben Felsköpfen, die heute teils mit Bäumen zugewachsen sind, die dem Nationalpark vorgelagerten bäuerlich geprägten Gemeinden überblicken konnte und teils noch heute kann. Der Weg dorthin führt teilweise über Steinstufen und moosigen Waldboden. An klaren Herbsttagen oder bei Föhn reicht die Sicht bis zu den Bayerischen und Salzburger Alpen. Dieser Höhenkamm stellt die Wasserscheide zwischen Elbe und Donau dar. Danach wurde früher auch der Grenzverlauf fixiert, gemäß dem Grundsatz: »Wie Wasser rinnt und Kugel walzt«. Erst 1772 erfolgte eine Grenzziehung mittels Grenzsteinen.

Nur ein paar hundert Meter von hier entspringt aus einer Quelle die **Warme Moldau** (tschechisch: *Tepla Vltava*).

Zurück an der **Reschbachklause** (2 Std.) gehen wir auf der Schlittenziehbahn (»Bärenhöhlziehbahn« aus dem Jahre 1848) wieder zurück, bis wir die Teilung des Schwellgrabens erreicht haben, dem wir jetzt auf der rechten Uferseite (Markierung »Wasseramsel«) bis zur **Alten Klause** (2.30 Std.) folgen. Von dieser Klause ist heute jedoch nur

noch der Rest des ehemaligen Steinfundaments erkennbar; die Nationalparkverwaltung hat einen Rastplatz mit Schutzhütte angelegt. An dieser Kreuzung verschiedener Wanderwege folgen wir dem Hinweisschild »Finsterauer Filz« und wandern nun auf einem Weg mit der Markierung »Birkhahn«, der nach Osten und leicht bergan führt.

Im Frühling blühen hier Arnika, Lichtnelke, Hahnenfuß und Teufelskralle. Die Schlittenziehbahn, auf der die Holzhauer Stämme mit über 4 m Länge zu Tale brachten – eine oft gefährliche Arbeit, die auch Todesopfer forderte! –, wurde erst im Jahre 1945 aufgegeben. Sie wird den ganzen Sommer über von hochwachsendem Frauenfarn gesäumt. Ist das Wasser im Reschbach rot gefärbt, so ist dies nicht etwa auf Umweltverschmutzung zurückzuführen, sondern weist auf den Eisengehalt der ausgeschwemmten Steine hin. Nach 20 Min. durchquert man wieder eine riesige Zone mit nicht aufgearbeiteten Baumriesen aus dem Windwurf von 1983.

Um den Rundweg zu beenden, folgen wir der Buchwalder Straße nach Norden. Auf dem letzten Stück dieses Wanderwegs begegnen uns gleich zwei Holz-Abtransportmöglichkeiten früherer Jahre: Man spaziert auf einem idyllischen Schlittenzugweg und kann dabei den mit gehauenen Steinen befestigten Triftkanal bestaunen. Nach ca. 700 m erreichen wir wieder den **Parkplatz Schwellgraben** (3.15 Std.).

Das Finsterauer Filz

Beim Rückweg entlang des Reschbachs zur Buchwalder Straße empfiehlt sich noch ein Abstecher ins

Finsterauer Filz. Der Einstieg an der Buchwalder Straße, wo wir rechts abbiegen, ist gut markiert (»Birkhahn«). Das Finsterauer Filz erstreckt sich über eine Fläche von 4,2 ha und ist bis zu 3 m Tiefe torfträchtig. Nur zeitweise wurde hier Torf abgebaut; heute steht das Moor unter Naturschutz. Der Weg führt durch das Filz nach Norden zurück zur Buchwalder Straße und damit zum Schwellgraben-Parkplatz.

Triftklausen

Die im Jahre 1860 erstellte Reschbach-Klause ist bis zu 5 m tief, speichert 15 000 m^3 Wasser und hat eine Wasseroberfläche von 0,8 ha. Im 19. Jh. und noch bis zum Jahre 1945 war der Abtransport der riesigen Baumstämme nur durch die Holztrift im Frühjahr, mit der die Stämme zu Tale geschwemmt wurden, und im Winter mit dem Schlittenzug der Holzhauer möglich. Da die Wasserführung der kleinen Bergbäche zur Beförderung oft riesiger Blöcher nicht ausreichte, wurden im Oberlauf künstliche Seen angelegt, die sogenannten Triftklausen, um dann bei Bedarf mittels eines Hochwassers die Blöchertrift, also die Beförderung von teils über 4 m langem Stammholz mittels Wasserkraft, in Gang zu setzen

Freilichtmuseum Finsterau

Ganz in der Nähe, an der Nationalparkstraße, östlich von Finsterau, liegt das Freilichtmuseum Finsterau, das 1980 seiner Bestimmung übergeben und seither kontinuierlich ausgebaut wurde. Die Einrichtung zeigt die historischen Bau-, Wohn-

und Wirtschaftsformen des Bayerischen Waldes.

Auf dem 7 ha großen Areal sind inzwischen 18 Gebäude aufgebaut, darunter der »Kapplhof« – eine stattliche Dreiseitanlage mit Wohn-Stall-Haus, Getreidekasten (1712) und Stadel sowie das »Sachl‹« ein typisches Kleinbauernanwesen aus dem Bayerischen Wald, das bis 1978 bewohnt war. Der »Petzi-Hof« ein unregelmäßiger Vierseithof mit sieben Gebäuden, führt im Unterschied zu den anderen Hofanlagen den kompletten Baubestand vor. Die Ausstattung des Anwesens, das bis 1986 noch bewirtschaftet wurde, konnte mit übernommen werden und macht den Gesamtkomplex zu einem äußerst seltenen Zeugnis. Dorfschmiede, Stall aus Granitquadern, Flachsbrechhaus, Dörrboden und andere Gebäude zeichnen ein eindrucksvolles Bild der ehemals vielfältigen bäuerlichen Kultur.

Die Einrichtungen der Häuser, die landwirtschaftlichen Geräte und Maschinen stammen überwiegend aus dem 19. und 20. Jh. Ein ehemaliges Straßenwirtshaus, »die Ehrn«, dient als Museumsgaststätte und Ausstellungsgebäude. Eine Reihe von Sonderveranstaltungen wie Maibaumaufstellen, Kirchweihmarkt sowie ständig wechselnde Ausstellungen machen das Freilichtmuseum Finsterau zu einer äußerst lebendigen Einrichtung.

Freilichtmuseum Finsterau, 94151 Mauth-Finsterau, Tel. 0 85 57/2 21. Öffnungszeiten: Mitte Dez. – April Di – So 12–16 Uhr, Mai – Sept. Di – So 9–18 Uhr, Okt. Di – So 9–16 Uhr. Museumsführung, Gaststätte, eigene Schriftenreihe.

Natur pur im Böhmerwald

Grenzüberschreitende Wanderung von Bayern nach Tschechien

Eine reizvolle Wanderung in eine Kernzone des Nationalparks Šumava (Böhmerwald) bietet dem Wanderer eindrucksvolle Bilder einer Landschaft, die über 40 Jahre lang nur von tschechischen Militärs und Forstbeamten betreten werden durfte.

DIE WANDERUNG IN KÜRZE

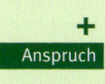

+
Anspruch

Charakter: Einfach; auf gut ausgebauten, teils asphaltierten Wegen sind nur leichte Steigungen zu bewältigen.

3 Std.
Gehzeit

Markierung: Rundweg »Trauermantel«

6 km
Länge

Wanderkarten: Topographische Karte, 1:50 000, UK 5029, Naturpark Bayerischer Wald, östl. Teil/Nationalpark Bayerischer Wald; Fritsch Wanderkarte Nr. 60, 1:50 000, Mittlerer Bayerischer Wald

Einkehrmöglichkeiten: Gaststätten in Finsterau und Mauth; auf tschechischem Gebiet gibt es die nächste Einkehrmöglichkeit in Fürstenhut, ab 2006 auch in Buchwald (Tschechien).

Anfahrt: Vom oberen und mittleren Bayerischen Wald mit dem **Pkw** über Grafenau zur B 533 in Richtung Freyung bis zur Abzweigung nach Mauth-Finsterau. Während der Hauptsaison kann nur bis zum Nationalpark-Parkplatz Wistlberg gefahren werden. Von dort verkehren gegen geringe Gebühr »Igelbusse« bis zum deutsch-tschechischen Grenzübergang Bučina/Buchwald: tägl. 8.30–19 Uhr im 30-Minuten-Takt, letzte Rückfahrt 16.50 Uhr. **Öffentlicher Busverkehr** von Freyung bzw. von Spiegelau aus nach Mauth und Finsterau.

Hinweis: Personalausweis mitnehmen, auch wenn der Grenzübergang nicht mehr besetzt ist.

Vom **Grenzübergang Buchwald/Bučina** ca. 500 m entfernt kann man sich im Informationszentrum der beiden Nationalparks Bayerischer Wald und Šumava über das teils zweisprachig ausgeschilderte Wandergebiet informieren (nicht regelmäßig besetzt). Von hier folgen wir der Markierung des Rundwegs »Trauermantel« Richtung Kvilda. Nach 600 m zweigt dann unser Wanderweg, eine blau und mit dem Schmetterlingsmotiv markierte geteerte Straße nach Knížecí Pláně (Fürstenhut) ab.

Auf diesem Weg spürt man förmlich die Einsamkeit und Stille dieses Gebiets, in dem 40 Jahre niemand

Birkenhain im Niemandsland

lebte und lang nur tschechisches Grenzschutzpersonal patrouillierte. Die tschechische Nationalparkverwaltung Šumava stellte den Rundwanderweg unter das Motto »Landschaft im Wandel«; Schautafeln erläutern die wechselvolle Geschichte dieses Landstrichs und die Entwicklung des Nationalparks (zweisprachig).

Die gut begehbare Straße führt an erst seit 1989 wieder bewirtschafteten Weideflächen vorbei, den Berg hinunter und wieder hinauf auf die Freifläche Schöneben. Von hier hat

man einen schönen Blick auf Buchwald und das Blockfeld des Lusen (1373 m) auf bayerischer Seite. An der Wegkreuzung auf der Hügelkuppe führt die rechts abzweigende Allee zu einer kleinen offenen Fläche mit einer über 1 m hohen Steinsäule – es ist der alte Dorfplatz der ehemaligen deutschen Waldarbeitersiedlung **Fürstenhut / Knížecí Pláně** (1.30 Std.). Nach der Vertreibung der hier jahrhundertelang ansässigen deutschstämmigen Bevölkerung im Jahre 1946 hatten die Tschechen diese wie andere Ortschaften im grenznahen Bereich dem Erdboden gleichgemacht. Der Gedenkstein trägt das Wappen des Dorfes: eine Fichte mit zwei gekreuzten Äxten.

Nicht weit vom Dorfplatz entfernt stand die Kirche von Fürstenhut, die bis zur Schließung der Grenze nach dem Kriege auch von Finsterauer Bürgern zu den sonntäglichen Gottesdiensten besucht wurde. Nur ein Trümmerhaufen mit darauf gepflanzten Fichten ist davon übrig geblieben. Der alte deutsche Friedhof ist in deutsch-tschechischer Kooperation 1991 wieder aufgebaut worden.

Vom Friedhof aus eröffnet sich wiederum ein schöner Rundblick. Der Rückweg nach **Buchwald** erfolgt auf dem rot sowie mit einem Schmetterling markierten Wanderweg (3 Std.). Auf diesem Rundweg zeigt sich jene typische Vegetation, die vor allem von langen Wintern mit Schneestürmen und damit von kur-

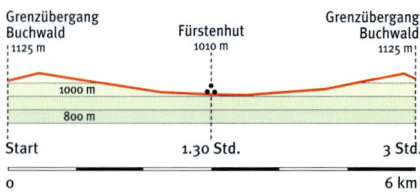

zer Vegetationszeit geprägt ist. Die Fichten sind knorriger als in tieferen Lagen, und während man in den Tallagen des Bayerischen Waldes bis zu fünfhundert verschiedene Pflanzen kartieren kann, sind es hier gerade einmal zweihundert.

Das böhmische Grenzgebiet

Zur Geschichte der grenzüberschreitenden Verbindungen zwischen Bayern und Böhmen heißt es in den »Grenzgedanken«, einer von der Nationalparkverwaltung Bayerischer Wald herausgegebenen Informationsbroschüre: »Der grenzüberschreitende Wanderweg nach Kvilda (Außergefild) war bereits vom 12.–16. Jh. ein viel begangener Handelsweg zwischen Passau und Bergreichenstein (heute Kasperské Hory). Die Besiedlung entlang des sogenannten »Goldenen Steiges« setzte erst Ende des 18. Jh. ein.

Die von Deutschen gegründete Siedlung Buchwald (heute Bučina) wurde erstmals 1776 urkundlich erwähnt und war mit 1162 m die höchstgelegene Ortschaft des Böhmerwaldes. Dementsprechend karg

waren die Lebensbedingungen. Die Menschen waren Waldarbeiter und Bauern. 1908 zählte Buchwald 39 Häuser und 369 Einwohner, davon waren vier Tschechen. Bis zur Ausrufung der tschechoslowakischen Republik 1918 gehörte das sogenannte Sudetenland zur österreichisch-ungarischen Monarchie. 1938 an das Deutsche Reich angegliedert, fiel es 1945 an die Tschechoslowakei zurück. Die Einwohner von Buchwald und Fürstenhut (heute Knížecí Pláně) wurden vertrieben und ihre Häuser 1956 abgerissen. Nur an vereinzelt stehengebliebenen Mauerresten und an alten Obst- und Hausbäumen sind die Spuren einstiger Besiedlung erkennbar.«

33

Zur Moldauquelle

Rundwanderung durch den Böhmerwald-Nationalpark

Diese Wanderung führt durch das einstige Niemandsland nach Kvilda und zur Moldauquelle. Der Reiz einer völlig entsiedelten Landschaft paart sich mit Gedanken an die Zeit des Kalten Krieges und der Entfremdung einer einst zusammengehörigen Bevölkerung.

DIE WANDERUNG IN KÜRZE

++
Anspruch

5 Std.
Gehzeit

16 km
Länge

Charakter: Mittelschwer, die Länge der Tour fordert Ausdauer. Im zweiten Teil sind kleinere Steigungen zu bewältigen. Die Wege sind größtenteils asphaltiert.

Markierung: Bis Kvilda grüne Markierung, bis zur Abzweigung des Wanderwegs nach Fürstenhut auch Markierung »Trauermantel«, in der zweiten Weghälfte blaue und später rote Farbmarkierung

Ausrüstung: Im zeitigen Frühjahr ist wasserdichtes Schuhwerk ratsam.

Wanderkarten: Topographische Karte UK 5029, 1:50 000, Naturpark Bayerischer Wald, östl. Teil; Fritsch Wanderkarte Nr. 60, 1:50 000, Mittlerer Bayerischer Wald

Einkehrmöglichkeiten: Gaststätten in Außergefild (Kvilda)

Anfahrt: s. Tour 5

Hinweise: Personalausweis mitnehmen, auch wenn der Grenzübergang nicht besetzt ist. Es empfiehlt sich, noch in Deutschland ein paar tschechische Kronen zu tauschen, wenn man das Mittagessen in Kvilda einnehmen möchte.

Auch diese Wanderung hat ihren Ausgangspunkt am Grenzübergang **Buchwald/Bučina** und führt am 500 m weiter entfernt gelegenen Informationspavillon (Schautafeln, jedoch keine regelmäßige Besetzung) der Nationalparks Böhmerwald und Bayerischer Wald vorbei. Hier kann man Wissenswertes über Flora und Fauna der Schutzgebiete diesseits und jenseits der Landesgrenze sowie über die Geschichte der Region und ihrer einstigen Bewohner erfahren.

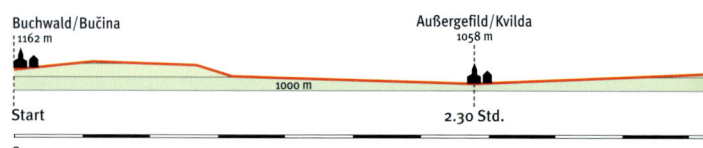

Buchwald/Bučina
1162 m

Start

Außergefild/Kvilda
1058 m

1000 m

2.30 Std.

0

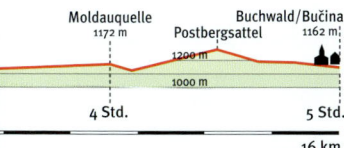

Die grün markierte Straße führt von hier aus 6,5 km weiter bis in das Bergdorf Kvilda (Außergefild). Die Landschaft entspricht in ihrer Kargheit der typischen Bergregion des bayerisch-böhmischen Grenzgebirges. Im Gegensatz zur Bayerwald-Seite treffen wir jedoch hier auf ein über 40 Jahre lang brachliegendes Land, das nur tschechisches Militär, Forstleute und Grenzpolizei betreten durften. Die Grenze war für fluchtwillige Menschen aus dem Ostblock nahezu hermetisch abgeriegelt. Die Flucht durch dieses »Niemandsland« gelang aufgrund der scharfen Kontrollen fast niemandem.

Tour 6

Im Ursprungsgebiet der Moldau

Sehenswert in **Kvilda** (2.30 Std.) ist die Kirche mit Holzschindelverkleidung aus dem 15. Jh., die nach einem Brand 1892–93 wieder aufgebaut wurde. Am besten erhalten ist der Ortsteil Vilemov (früher Wilhelmswald) mit gezimmerten Holzfällerhäusern. Außergefild war bekannt für die Holzverarbeitung und die Hinterglasmalerei. Die Hinterglasbilder der Außergefilder Schule, deren Blütezeit in den Jahren 1820–1881 lag, als die Malerfamilie Verderber hier wirkte, sind jedoch nur in Museen im Bayerischen Wald (Heimatgeschichtliches Museum in Freyung, Museumsdorf Bayerischer Wald am Dreiburgensee bei Tittling) zu bewundern. Die Mittagsrast kann in einem der Wirtshäuser des Ortes eingelegt werden.

Zur Moldauquelle weist ab Außergefild die blaue Wegmarkierung. Der Weg führt durch leicht wellige Waldstücke und erreicht schließlich die **Moldauquelle** (4 Std.). Die Quelle selbst liegt in einer filzigen Niederungund tritt aus einem Hochmoor (Filz) aus. Von hier aus tritt Tschechiens längster Fluss eine Reise von 435 km Länge an, bis er sich schließlich bei Melnik, nördlich von Prag, mit der Elbe vereinigt.

Auf dem Rückweg sind wiederum teils dichte Fichtenwälder unsere Begleiter. Der Weg von der Moldauquelle zum Grenzübergang **Buchwald** (5 Std.) und damit zur Haltestelle des »Igelbusses« ist zunächst rot markiert, zum Schluss mit dem Trauermantel-Motiv.

Abstecher ins Moor

Besonders für die höher gelegenen Regionen des Böhmerwalds sind Hochmoore, in Bayern wie auch im einst von Deutschen bewohnten Böhmerwald als »Filz« bezeichnet, besonders charakteristisch. Im Juni 1995 hat der Nationalpark Böhmerwald unter dem Motto »Lebensräume in der offenen Landschaft« ein besonderes Angebot geschaffen: einen 5 km langen markierten Rundwanderweg, der von Kvilda (Außergefild) zum Seefilz (Jezerní slať) führt und in 1.30 bis 2 Stunden zu bewältigen ist. Der Weg mit der Markierung »Sandlaufkäfer« führt von Kvilda aus Richtung Horská Kvilda (Innergefild). An dieser Straße kommt man schließlich zu einem von der Nationalparkverwaltung ausgeschilderten Parkplatz, von dem aus es nur noch 300 m bis zum Rand des Hochmoors sind. Ein 200 m langer Holzsteg führt schließlich direkt ins Innere des Moors.

Das Pflanzenvorkommen, wie zum Beispiel die selten gewordene Zwergbirke und verschiedene Moose, gilt als außergewöhnlich. Am Rande des Moores bietet eine Aussichtsplattform einen überaus guten Überblick über das insgesamt 1 km² große Moorgebiet.

Wallfahrt auf einsamen Wegen

Durch das Tal der Kalten Moldau zur Tusset-Kapelle

Von Bayern und Böhmen gleichermaßen verehrt und besucht: die hölzerne Tussetkapelle mit angeblich heilkräftigem Brünnlein unweit der Grenze. Der Weg dorthin führt durch eine idyllische Auenlandschaft mit lichten Mischwäldern und Birkenhainen.

DIE WANDERUNG IN KÜRZE

++

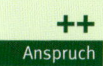

Anspruch

4.30 Std.

Gehzeit

21 km

Länge

Charakter: Einfach, mit leichten Steigungen, nur zum Kapellenberg ein steilerer Anstieg. Der Weg ist größtenteils asphaltiert und auch für Radfahrer geeignet.

Markierung: Nach dem Grenzübergang Neuthal weiß-gelb-weiße Farbmarkierung

Wanderkarten: Kompass Wanderkarte Nr. 2022, 1:50 000, Böhmerwald-Dreiländereck

Einkehrmöglichkeiten: Gaststätten in Haidmühle und Tusset/Česke Žleby

Anfahrt: Mit dem **Pkw** über die B12 Richtung Grenzübergang Philippsreut; vor Philippsreut rechts nach Bischofsreut und Haidmühle. Aus Waldkirchen über Altreichenau, Frauenberg nach Haidmühle. **Busverbindungen** ab Waldkirchen und Freyung. Sehr günstige **Zugverbindung** zwischen dem Grenzübegang und Stožek, Fahrplanauskunft: Tourismusinformation Haidmühle, Tel. 08556/ 1 94 33 und www.cd.cz.

Grenzübergang: Sommer 7–21 Uhr, Winter 7–19 Uhr; Personalausweis mitnehmen.

Zu dieser Tour startet man am besten in der Ortsmitte von **Haidmühle,** wo genügend Parkmöglichkeiten zur Verfügung stehen. Orientierungspunkt für die Wanderung Richtung Grenze ist der Gasthof Strohmeier. Daran links vorbei ist der asphaltierten Straße in nordöstliche Richtung bis zur deutsch-tschechischen **Grenzstation Neuthal/ Nové Údolí** zu folgen.

Vom Grenzübergang führt der Wanderweg mit der weiß-gelb-weißen Markierung auf einem geteerten Sträßchen nach **Stožec/Tusset** (1.45 Std.). Der Ort wurde bereits im 16. Jh. gegründet, als der Salzhandel auf sogenannten »Goldenen Steigen« florierte. Von hier gelangt man, der gelben Markierung folgend, nach etwa 2,5 km zu einer Kreuzung mitten im Wald. Dem Wanderweg mit der blauen Markierung – er kommt aus Česke Žleby (Böhmisch Röhren) – folgen wir von nun nach rechts rund 2 km in östliche Richtung.

Dann zweigt ein Stichweg zur linken Seite steil hinauf zum 1065 m

Herbststimmung in der Umgebung von Haidmühle

hohen Tussetberg (Naturschutzgebiet) ab. Dieser Berg war einst von einer Burganlage gekrönt, die den Salzhandelsweg zwischen Bayern und Böhmen schützte. Doch unser Ziel ist die Tusset-Wallfahrtskapelle und der ihr vorgelagerte Tussetfelsen (Stožecká skála). Bereits seit dem 17. Jh. ist die **Tussetkapelle** (Stožecká kaple; 2.15 Std.) für die deutschstämmigen Böhmerwäldler wie auch für die Bayern eine beliebte Wallfahrtsstätte mit heilkräftigem Brünnlein, dessen spärlich fließendes Wasser auch bei Augenleiden helfen soll. In der Zeit der kommunistischen Herrschaft verfiel jedoch die alte hölzerne Kapelle fast gänzlich. Heimattreue Böhmerwäldler errichteten deshalb gleich nach der Liberalisierung eine neue Kapelle, die im August 1990 eingeweiht wurde. Links von der Kapelle führt ein schmaler Steig zum **Tusset-Aussichtsfelsen,** einem Felsenriff inmitten eines urwaldähnlichen

Baumbestands. Hier eröffnet sich ein herrlicher Rundblick unter anderem auf das Dreisesselmassiv mit dem Hochstein und dem Plöckenstein.

Den bereits begangenen Weg zur Kapelle müssen wir wieder bis zu dem geteerten Waldsträßchen zurückgehen, das aus Böhmisch Röhren (Česke Žleby) kommt, dem wir nun aber weiter nach links in östliche Richtung folgen. Nach weiteren 2 km zweigt ein schmaler Steig nach rechts ab; wir folgen der blauen Markierung bis zur Kalten Moldau, die sich 5 km weiter ins Bett der Warmen Moldau legt. Es geht über Holzbohlenstufen und -stege. Der blauen Markierung folgend wandern wir weiter moldauaufwärts wieder zurück nach **Stožec/Tusset** (2.45 Std.) und weiter zum Grenzübergang **Nové Údolí/Neuthal** bei **Haidmühle** (4.30 Std.).

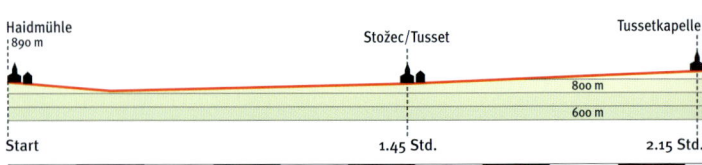

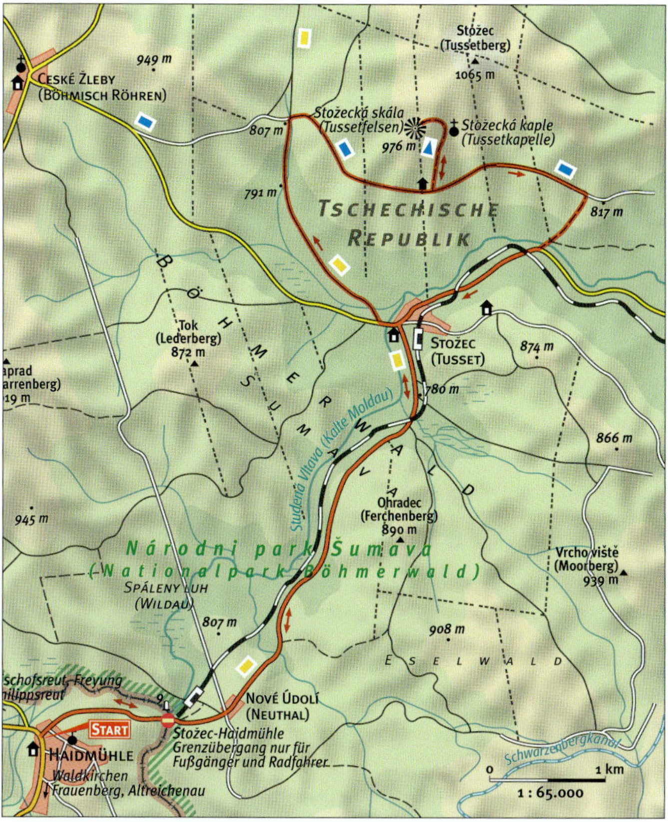

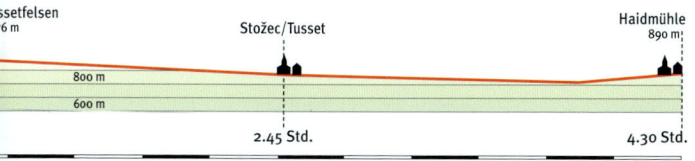

Die doppelte Kapelle

Während des Kalten Krieges, als dieses Gebiet weder von der tschechischen Bevölkerung (außer den Grenzstreifen) noch von Deutschen betreten werden durfte, errichteten heimatvertriebene Sudetendeut-sche bei Philippsreut – direkt an der Bundesstraße 12 – ein getreues Abbild der Tussetkapelle. So gibt es nun zwei baugleiche kleine Gotteshäuser nur wenigen Kilometern voneinander entfernt, das eine steht in Bayern, das andere in Böhmen.

Tour 8

Hochwald und Dreisesselberg

Im Dreiländereck von Bayern, Tschechien und Österreich

Diese Tour bietet gleich mehrere Höhepunkte: den sagenumwobenen Dreisesselfelsen, das Dreiländereck, wo sich die Grenzen von Bayern, Tschechien und Österreich treffen, das Steinerne Meer und schließlich einen weiten Blick über den Vorwald bis zur Donau.

DIE WANDERUNG IN KÜRZE

+++
Anspruch

7 Std.
Gehzeit

1000 m
An-/Abstieg

Charakter: Anspruchsvoll; ca. 1000 Höhenmeter erfordern eine gute Kondition, auch wenn es – bis auf den Abstecher zum Plöckensteinsee – keine langen Steilstücke gibt. Die Wege sind gut ausgebaut, Abkürzungen möglich.

Markierung: Grüner Pfeil, Naturparkbeschilderung, »Dreisessel«

Wanderkarte: Kompass Wanderkarte Nr. 2024, 1:50 000, Böhmerwald-Stausee Lipno

Einkehrmöglichkeiten: Gaststätten in Lackenhäuser; Dreisesselschutzhaus

Anfahrt: Mit **RBO-Bussen** von Waldkirchen und Freyung morgens, mittags und abends, jedoch größtenteils nur werktags. Der Fahrplan ist bei den Verkehrsämtern erhältlich.
Mit dem **Pkw** ist Lackenhäuser vom unteren Bayerischen Wald über Waldkirchen, Jandelsbrunn und Neureichenau, vom oberen wie mittleren Bayerischen Wald über Grafenau, Freyung, Bischofsreut, Haidmühle, Altreichenau und Neureichenau zu erreichen.

Gleich beim **Rosenberger Gut** in **Lackenhäuser** befindet sich ein Parkplatz, von dem aus die Markierung (grüner Pfeil auf weißem Grund) nach rechts zum **Witiko-Steig** (benannt nach Adalbert Stifters Erzählung »Witiko«) führt. Gleich beim Einstieg in den Hoch-

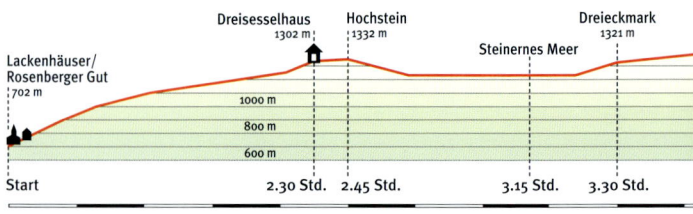

Tour 8

Im Rosenberger Gut in Lackenhäuser schrieb Adalbert Stifter seinen »Hochwald«:

wald lohnt ein Innehalten an dem von den heimattreuen Böhmerwäldlern auf der rechten Straßenseite errichteten Böhmerwald-Mahnmal, das eine Mutter zeigt, die ihren Mantel schützend um ihre Kinder breitet.

Als erstes muss schräg nach links die Grenzstraße und wenige Minuten später ein Forstweg überquert werden. Trifft man zum dritten Mal auf die Forststraße, so folgt man dieser, bis die Markierung (grüne Keile) nach rechts durch den Wald zur Hochstraße führt, die bis zum Dreisesselparkplatz begangen werden

kann; eine Abkürzung bietet sich aber bereits vorher (rechts abbiegend) zum Adalbert-Steig an, der ebenfalls direkt (im letzten Stück zehn Gehminuten lang auf einem Asphaltsträßchen) zum **Dreisesselschutzhaus** und damit zum **Dreisesselgipfel** führt, dem »geologischen Wunderberg«, wie Adalbert Stifter ihn nannte (2.30 Std.).

Ein Muss ist es natürlich, einmal die steinernen Stufen zu den drei Sesseln in den Felstürmen gleich neben dem Schutzhaus emporzuklettern, um dort Platz zu nehmen, wo einst-

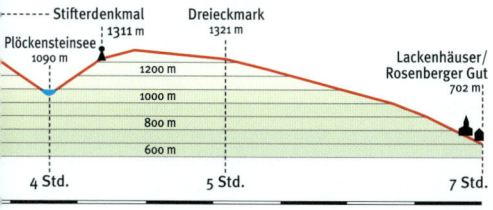

mals die Könige von Bayern, Böhmen und Österreich gesessen haben mögen, um über die Grenzen ihrer Länder zu verhandeln, wie es die Sage erzählt. Bei der Schaffung der schüsselförmigen Sessel wird wohl nicht nur die Natur, sondern auch ein geschickter Steinmetz die Hand im Spiel gehabt haben. An klaren Tagen wird man aber nicht nur mit dem ›Thronsitzen‹ belohnt, sondern auch mit einer herrlichen Aussicht nach Süden, Westen und Nordwesten. Vor allem im Herbst und Spätherbst kann man von hier aus sogar über das silberne Band der Donau hinweg bis zu den Bayerischen und Salzburger Alpen schauen, selbst wenn sich frühmorgens die Niederungen des Vorwaldes oft noch im Talnebel verstecken.

Nach einer Einkehr im Dreisesselschutzhaus mit gemütlicher Gaststube und Biergarten sind es noch 15 Min. bis zum Hochstein. Der Weg ist ab dem Kiosk am Schutzhausplatz gut ausgeschildert und führt am Nashorn- und am Weihwasserkesselfelsen vorbei.

Am Fuße des Hochsteins hatten die heimatvertriebenen Böhmerwäldler, bis zum Jahre 1989 noch nicht ahnend, dass der Eiserne Vorhang doch noch einmal fallen könnte, ›ihrem‹ Bischof Johannes Nepomuk Neumann aus Granitsteinen eine Kapelle errichtet, ist der Sohn eines Strumpfwirkers aus Prachatitz doch einer ihrer großen Heiligen der Neuzeit (1977 heilig gesprochen). Er wurde 1811 geboren und starb 1860 als Bischof von Philadelphia/USA. Im Altartisch der Bischof-Neumann-Kapelle sind Reliquien von ihm eingemauert. Die Künstlerin Helma Flügel-Kössl hat den Heiligen auf einem Ölbild verewigt.

Von dem mit einem Geländer versehenen Aussichtspunkt **Hochstein**

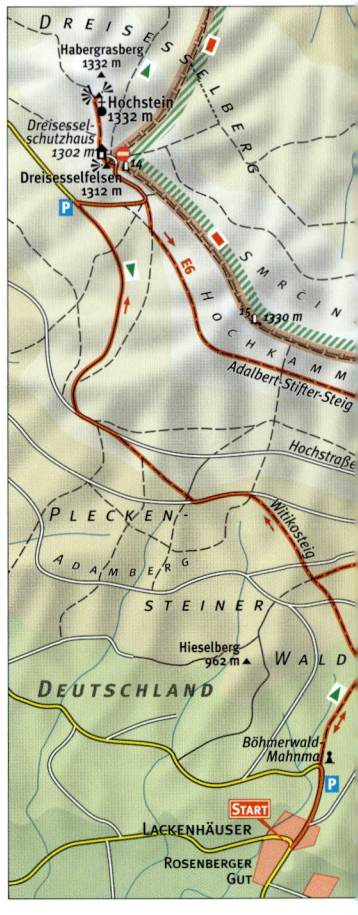

(2.45 Std.; 1332 m), der einen weiten Blick in den Böhmerwald (gute Orientierung über das Böhmerwald-Panorama durch zwei Schautafeln) freigibt, geht es auf dem Adalbert-Stifter-Steig zurück zu dem zum Schutzhaus führenden Bergsträßchen, das dann in der Rechtskurve nach links verlassen wird.

Dem weiteren Weg (blauer Balken mit drei blauen Punkten bzw. weiß-rot-weiße Markierung) eine halbe Stunde lang folgend, geht es auf

dem Adalbert-Stifter-Steig fast direkt an der tschechischen Grenze entlang zum **Steinernen Meer,** einem 9 ha großen Geröllfeld, und zum Bayerischen Plöckenstein, der auf stufenförmigen Felsen, dem Seesteig, zu erreichen ist. Rechts gelangt man in einer guten Viertelstunde zur 1321 m hohen **Dreieckmark** (3.30 Std.), wo sich die Grenzen von Bayern, Böhmen und Österreich treffen.

Um zur Felsgruppe des Österreichischen Plöckenstein und weiter zum Stifterdenkmal auf tschechischer Seite zu gelangen, muss man nach Überquerung einiger Steinblöcke nach links abbiegen und dem sehr gut gelb-weiß-markierten Weg folgen. Beim **Adalbert-Stifterdenkmal,** einem Obelisken zu Ehren des Dichters, bietet sich ein schöner Blick zum Plöckensteinsee auf tschechischer Seite. Von hier kann man zum **Plöckensteinsee** (4 Std.) hinabsteigen, wobei man jedoch den steilen Rückweg bedenken sollte, da auf kurzer Distanz ein Höhenunterschied von 220 m zu bewältigen ist.

Der Rückweg vom Stifter-Denkmal führt wieder zurück an den östlichen Rand des Steinernen Meeres und zum Adalbert-Stifter-Steig, dem man ein Stück in südliche Richtung folgt, bis nach ca. 20 Minuten nach rechts in Richtung Witiko-Steig abgebogen werden muss, der schließlich nach Süden zum Ausgangspunkt, dem **Rosenberger Gut,** zurückführt. Im Rosenberger Gut, heute eine Jugendherberge (aber derzeit –Feb. 2005 – geschl.), wurde zum Andenken an Adalbert Stifter im so genannten »Ladenstöckl« ein Dichterstüberl eingerichtet, das auf Anfrage auch besichtigt werden kann.

»Sommerfrische« für einen großen Dichter

»Waldwoge steht hinter Waldwoge,
bis eine die letzte ist
und den Himmel schneidet.«

Adalbert Stifter weilte nach sechs ausgedehnten »Sommerfrischen«, in denen er seinen Roman »Hochwald« schrieb, im späten Herbst des Jahres 1866 ein letztes Mal im Rosenberger Gut und wurde dabei von einem beängstigend starken Schneefall eingeschlossen. Eine Gedenktafel erinnert daran, dass Stifter hier auch seine Erzählung »Witiko« schrieb, die von dem jungen Witiko handelt, der im Jahre 1138 von Passau in den Nordwald reitet, am Fuße des Dreisesselbergs seine spätere Frau kennenlernt und im Folgenden eine gewisse Rolle in der Frühzeit des tschechischen Staates spielt.

In seinen Werken, aber auch in Briefen an Freunde bringt Stifter immer wieder seine Begeisterung für dieses Dreiländereck zwischen Bayern, Böhmen und Österreich und seine Sehnsucht danach bildhaft zum Ausdruck. Und so heißt es auch in einem seiner Bekenntnisse:

»Meine ganze Seele hängt an dieser Gegend.
Wenn ich irgendwo genese, so ist es dort …«
Denn:
»Wer beides, Fröhlichkeit und Gesundheit, verloren hat,
der erhält sie wieder, wenn er von diesem Wasser trinkt
und von dieser Luft atmet«

Kein Wunder also, dass Stifter zum Ende seines Lebens feststellte:»Der Aufenthalt in dieser für mich entzückenden Gegend gehört zu den reizendsten unserer Erde …«

Wo es Brot für Steine gab

Rund um das steinreiche Hauzenberg und zum Freudensee

Eine Wanderung durch den südlichen Bayerischen Wald mit seinen weit verstreuten Siedlungen und Einöden mit zauberhaften Ausblicken zum Grenzgebirge des Böhmerwaldes und hinab ins Donautal. Zum Abschluss der Tour lädt der Freudensee zum Bad ein.

DIE WANDERUNG IN KÜRZE

+++
Anspruch

7 Std.
Gehzeit

20 km
Länge

Charakter: Anspruchsvoll; die langen, wenn auch nicht steilen Anstiege erfordern gute Kondition.

Markierung: Blau-weiß, WW 6 und WW 9

Wanderkarte: Topographische Karte 1:50 000, UK 50-30, Naturpark Bayerischer Wald, südl. Teil; Fritsch-Wanderkarte Nr. 62 Unterer und Südlicher Bayerischer Wald

Einkehrmöglichkeiten: Gaststätten in Bachhäusl, Geiersberg, am Freuden

see und in Hauzenberg

Anfahrt: Hauzenberg ist mit **Regionalbussen** von Passau, Wegscheid und Waldkirchen zu erreichen; mit dem **PKW** aus Passau Richtung Thyrnau, das wir aber links liegenlassen. Aus Richtung Wegscheid zunächst die B 388 bis nach Untergriesbach und weiter nach Hauzenberg. Vom mittleren und oberen Wald ist Hauzenberg über Freyung und Waldkirchen sowie Hutthurm und Büchelberg anzusteuern.

Ausgangspunkt der Wanderung ist die Shell-Tankstelle im Zentrum von **Hauzenberg.** Von dort führt der Weg zunächst gemäß der blau-weißen Markierung (WW 6) durch das Schulzentrum der Stadt nach Eckmühle. Schon nach den ersten 100 m befindet sich auf der rechten Seite der Straße im Hof der Wirthensohn-Schule die so genannte »Säule des Königs«, ein Monolith (s.S. 48). Die Straße überquert den Staffelbach, steigt wieder an und führt mit der Markierung weiß-weiß (WW 9) zum Rundweg um den Staffelberg. Kurz vor Mühlberg geht es scharf links und in sanfter Steigung durch Misch-

wald zunächst bis zu einer Lichtung auf halber Höhe des Berges hinauf. Von zwei Ruhebänken genießt man hier einen schönen Blick auf die Stadt.

Der Weg führt dann ziemlich steil weiter bis zum Gipfel des **Staffelberges** (45 Min.). Hier erwartet den Wanderer ein kleiner Rastplatz mit Tischen und Bänken und ein 6 m hohes Gipfelkreuz aus Eiche, das 1968 auf den Berg getragen wurde. Vom neu erbauten Aussichtsturm eröffnet sich ein herrlicher Ausblick auf Hauzenberg, den Freudensee mit Oberfrauenwald und in das Staffelbachtal.

Dem Wanderweg 9 folgend, steigt man auf dem laub- und moosbedeckten Waldweg wieder ab und trifft am Fuße des Berges, im Ortsbereich von **Fürhaupt**, erneut auf die blau-weiße Markierung (WW 6). Man biegt in diesen Weg, eine schmale, wenig befahrene Asphaltstraße, nach links ein und kommt zu dem kleinen Weiler **Kainzöd**. Auf diesem Weg, der wiederum meist durch Wald führt, hat man einen großartigen Blick in das obere Staffelbachtal bis hinauf zum Rannaberg. 200 m hinter Kainzöd wendet sich der Weg nach rechts und führt ein kurzes Stück über eine Aspaltstraße und vorbei an dem kleinen Landgasthof Bachhäusl, dessen Name sich auf das Häuschen neben dem Staffelbach bezieht, nach Kramersdorf.

In der Ortschaft **Kramersdorf** (2.30 Std.) folgt man der blau-weißen Markierung (WW 12) und biegt nach rechts ab. Nur 100 m folgt man der Landstraße, um dann am Dorfende links Richtung Geiersberg weiterzuwandern. In einem längeren, gemächlichen Anstieg auf einer Asphaltstraße passiert man zunächst Wiesen und Felder und kommt dann in den Wald. Man biegt nach links ab und wandert, der Markierung orange-weiß (WW 21) folgend, auf einem schönen Waldweg. Nach ca. 300 m kommt man an einer einsamen hölzernen **Waldkapelle** vorbei, die einige interessante Votivtafeln enthält.

Der Weg beginnt nun etwas steiler zu werden, mündet in die Straße nach **Oberneureuth** ein und zweigt nach ca. 200 m links ab. Als Sandweg führt er durch ein ehemaliges Hochmoor, das zum Teil entwässert ist, aber immer noch zahlreiche Sumpfpflanzen wie etwa das gefleckte Knabenkraut und andere hervorbringt, die bis in die Mitte des Sommers hinein in voller Blüte stehen. Kurz nach Auhäusl trifft man auf die Straße Oberneureuth–Geiersberg und erreicht nach kurzer Strecke Geiersberg. Hier sollte man einen Augenblick verharren und den Blick hinunter auf die Stadt Hauzenberg und die umliegenden Berge genießen. Am besten genießt man den Blick vom Berggasthof Sonnenalm aus.

Unmittelbar hinter Geiersberg stößt man auf die Markierung gelbweiß (WW 2), die an der Nordseite des Oberfrauenwaldes (948 m) entlang als alter Holzabfuhrweg zur Ortschaft Oberfrauenwald führt. Unterwegs geht es an den Skilift-Hängen dieses Wintersportgebietes vorbei. Man hat einen weiten Blick in das »Tal der Sieben Dörfer«, über die Pfarrei Wollaberg, die aus einer Rodung einstmalig hier vorhandenen Urwaldes entstanden ist, hinweg zu den Grenzbergen des Böhmerwaldes im Dreiländereck.

In **Oberfrauenwald** (4.30 Std.; von den Einheimischen auch nur als

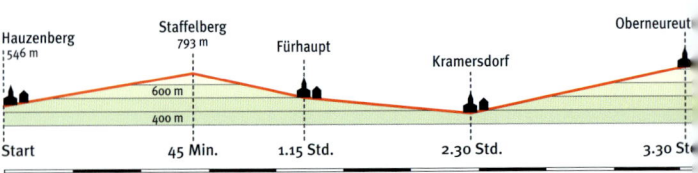

| Hauzenberg 546 m | Staffelberg 793 m | Fürhaupt | Kramersdorf | Oberneureut |
| Start | 45 Min. | 1.15 Std. | 2.30 Std. | 3.30 St |

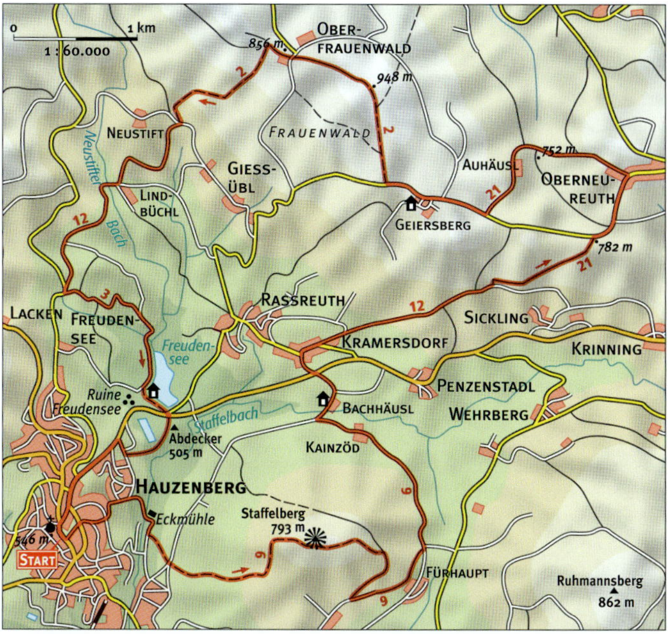

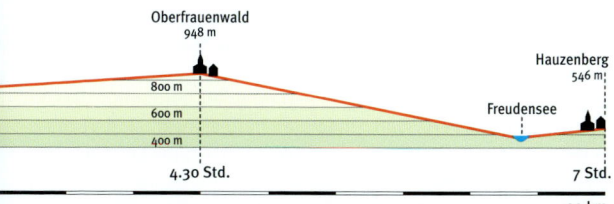

»Frauenwald« bezeichnet) geht es weiter auf dem Wanderweg 2, der nach wenigen Metern nach links in den Wald hinunter abbiegt. Auf ziemlich steilem Waldweg gelangt man in die Nähe des **Gutshofes Neustift,** überquert den Wanderweg 1 (grün-weiße Markierung) und erreicht nach einer freien Strecke durch abfallende Wiesen und Felder am Ortseingang des Weilers **Lindbüchl** die Markierung blau-weiß (WW 12).

Hier zweigt der Weg scharf rechts ab und zieht sich nach Überquerung des Neustifter Bächleins, des klaren Quellflusses des Freudensees, ein gutes Stück am Hang entlang durch dichten Wald. Nach ungefähr 1 km trifft der Weg auf die Markierung rosa-weiß (WW 3) und biegt nach links, vorbei an einer Viehweide, in Richtung Freudensee ab. Auf dem leicht abfallenden Sandweg zum See sieht man auf halber Strecke linker Hand einen riesigen Ameisen-

Der Freudensee lädt zu einem erfrischenden Bad ein

haufen, wie er in dieser Größe nur sehr selten zu finden ist.

Wir erreichen den nördlichen Teil des **Freudensees,** der zu einem erfrischenden Bad einlädt. Der Weg führt ein gutes Stück als sandige Uferstraße an ihm entlang. Man gelangt dabei zur **Ortschaft Freudensee** mit der gleichnamigen Burgruine. Die Burg diente bis in das 15. Jh. hinein den Fürstbischöfen von Passau als Sommersitz, war nach dieser Zeit viele Jahrhunderte nur eine Ruine und wurde erst jüngst wieder bewohnbar gemacht. Das Alter ist nicht genau zu bestimmen. Vermutungen reichen, vor allem in Zusammenhang mit der Burgmauer, bis in die Zeit Karls des Großen zurück. Bemerkenswert ist vor allem das Efeugewächs, das man auf mehr als 300 Jahre schätzt.

Am Staudamm des Sees liegt der Seehof, der zu einer letzten Einkehr einlädt. Von dort geht der Weg ein Stück zurück zum Wanderweg 1 (grün-weiß), der direkt zurück nach **Hauzenberg** führt (7 Std.).

Wer noch ein wenig Zeit hat, sollte Hauzenberg nicht ohne den Besuch der katholischen Kirche verlassen. Die Kirche ist ein neuzeitlicher Bau, in Stil und Form den noch vorhandenen spätgotischen Teilen aus dem

15. Jh. angepasst. Mit dem spätgotischen »Freudenseer Flügelaltar« beherbergt diese Kirche ein kunsthistorisches Kleinod.

Die Säule des Königs

Die im Hof der Hauzenberger Wirthensohn-Schule stehende Steinsäule (am Ausgangspunkt unserer Wanderung) wird auch als »Säule des Königs« bezeichnet. Sie wurde 1844 im Auftrag König Ludwigs I. von Bayern im Freudensee-Steinbruch gebrochen und war zusammen mit weiteren 17 Monolithen für die Befreiungshalle in Kelheim bei Regensburg bestimmt. 6,70 m lang, hatte sie einen Durchmesser von 1,75 m und ein Gewicht von 800 Zentnern – zu schwer für den Transport nach Kelheim. Zwei Säulen gelangten 1905 nach dem Bahnbau nach München. Eine Säule wurde in Thyrnau zum Kriegerdenkmal umgearbeitet. Bis auf das Reststück im Schulhof der Wirthensohn-Schule wurden alle anderen Säulen zu Pflastersteinen gespalten. Besonders empfehlenswert sind auch Abstecher zum Granit-Erlebnis-Wanderweg. Eine Karte dazu ist im örtlichen Verkehrsamt erhältlich.

Und zur Brotzeit einen Fisch ...

Zur Saußbachklamm, Waldkirchens versteckter Perle
Wer eine gemütliche Einkehr schätzt, wird auf dieser Tour durch das Naturschutzgebiet des Saußbachs auf seine Kosten kommen. Außerdem lockt ein Abstecher zur Karolikapelle sowie ein Bummel über einen der schönsten Marktplätze des Bayerischen Walds.

DIE WANDERUNG IN KÜRZE

Anspruch

2.30 Std.
Gehzeit

6 km
Länge

Charakter: Einfach; in der Übergangszeit ist wasserfestes Schuhwerk empfehlenswert.

Markierung: Ziffer 1

Wanderkarte: Topographische Karte 1:50 000, UK 50-30, Naturpark Bayerischer Wald, südl. Teil; Fritsch-Wanderkarte Nr. 62, 1:50 000, » Südlicher Bayerischer Wald«

Einkehrmöglichkeiten: Halleralm an der Saußbachklamm (tägl. ab 10 Uhr), Gasthaus Saußmühle (Chinesisches Restaurant), Gaststätten in Waldkirchen

Anfahrt: Busverbindungen von Freyung, Passau, Hauzenberg und dem Dreisesselgebiet nach Waldkirchen; Anfahrt mit dem **Pkw** auf der Bundesstraße 12 von Passau Richtung Freyung. Genügend Parkmöglichkeiten (auch gebührenfrei) direkt im Stadtzentrum oder im Parkhaus an der Ringmauerstraße gegenüber dem Modezentrum Garhammer.

Hinweis: Beste Wanderzeit ist das zeitige Frühjahr, weil in trockenen Sommern das Wasser oft abgeleitet wird.

Von der Ringmauerstraße in der Nähe des Marktplatzes von **Waldkirchen** gehen wir leicht bergan Richtung Tourismusbüro und biegen dort in die Erlenhainstraße ein. Vorbei am Krankenhaus und am Altenheim kommen wir zu einem Verkehrsknotenpunkt. Dort suchen wir links den Wegweiser, der uns bergab zur **Saußmühle** führt, einer alten Mühle, die zu einem Gasthaus umgebaut wurde (15 Min.).

Gegenüber der Gaststätte führt der Wanderweg Nr. 1 auf einem leicht ansteigenden, dann wieder abfallenden Wirtschaftsweg hin zu einem

zusammenhängenden Waldstück, das später im Klammbereich als Naturschutzgebiet ausgewiesen ist. Bei Weggabelungen folgen wir jeweils dem linken Weg, vorbei am **Karlsbrunnen** (mit Ruhebank). Begleiter ist zur linken Seite der Saußbach, der riesige bemooste Felsblöcke umspielt.

Das Naturschauspiel dieser Klammlandschaft ist im zeitigen Frühjahr am schönsten, da in den Trockenzeiten im Sommer und Herbst das Wasser im oberen Bachlauf zum Betrieb des Waldkirchener E-Werks abgeleitet wird und der

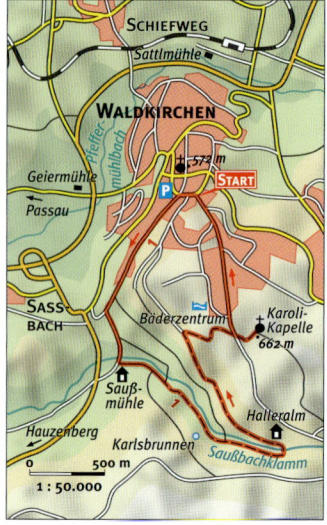

beobachten. Nach wenigen hundert Metern bietet eine Betonplatte die Möglichkeit, den E-Werkskanal zu überqueren und hinauf zur **Karolikapelle** zu marschieren (2er-Markierung). Eine alte Allee führt direkt zu der idyllisch gelegenen Kapelle. Die Waldkirchner Männer pflegen hier am Ostermontag Morgen noch vor Sonnenaufgang den alten Brauch des »Emmausgehens« und ziehen betend vom Marktplatz an mehreren Kapellen vorbei hier herauf zur österlichen Andacht.

Nach einer kurzen Rast kehren wir zurück zur Hauzenberger Straße, die vorbei an Hotelbauten und dem Freizeitbad zum Stadtzentrum von **Waldkirchen** (2.30 Std.) führt. Am Rathaus biegen wir links ab und treffen wieder auf die Ringmauerstraße.

Saußbach zu einem Rinnsal verkümmert. An der romantischsten Stelle der Klamm führt ein Holzsteg nach links zur Brotzeitstation **Halleralm** mit einem lauschigen Biergarten; hier gibt es köstliche geräucherte Aale und Forellen zu günstigen Preisen. Im Einzugsgebiet des Saußbaches dehnt sich der rund 60 km^3 große Hauzenberger Granitsockel aus, der schon vor Jahrhunderten aus zahlreichen Steinbrüchen den begehrten Hauzenberger Granit als Baumaterial lieferte.

Hinter der Halleralm geht es in nördliche Richtung auf der linken Seite des E-Werks-Kanals weiter (1er-Markierung). Im forellenreichen Gewässer lassen sich die Fische gut

Waldkirchen

Eine Besonderheit in Waldkirchen sind die an den Hausecken der Metzgerei Setzer wie am Modezentrum Garhammer angebrachten **Radabweissteine**: der »Ewige Hochzeiter« und seine auf der gegenüberliegenden Seite aufgestellte »Gretl« – beide finden nie zusammen, obwohl sie sich so nahe sind. Als dritter Radabweisstein ist in den 1990er Jahren am Ertl-Haus am Unteren Marktplatz, dem ehemaligen Sitz des Marktrichters, die Figur des Marktrichters und am Gasthaus Lamperstorfer eine steinerne Wirte-Skulptur hinzugekommen.

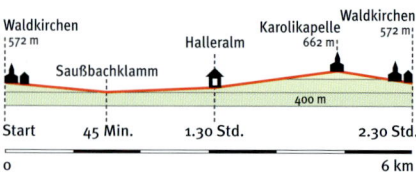

Der nasse Weg der Baumriesen

Durch die Buchberger Leite von Freyung nach Ringelai

Der Reschbach und der Saußbach, die wasserreichen Zuflüsse der Ilz, vereinigen sich an der »Scheer« zur Wolfsteiner Ohe, die einst zur Holztrift genutzt wurde. Ihre steil abstürzenden Wasser überspülen die Ausläufer der Quarzader des »Pfahls«.

DIE WANDERUNG IN KÜRZE

++
Anspruch

5 Std.
Gehzeit

20 km
Länge

Charakter: Mittelschwer. Der schattige Weg durch die Leite ist besonders an heißen Sommertagen ein Genuss. Im Herbst, wenn sich die Mischwälder glühend gelb-rot färben, ist die Tour für Fotografen besonders empfehlenswert.

Markierung: Ziffer 1

Ausrüstung: Zur Zeit der Schneeschmelze Ende März bis Ende April empfiehlt sich wegen des über die Ufer tretenden Wassers festes Schuhwerk.

Wanderkarte: Topographische Karte 1:50 000, UK 50–30, Naturpark Bayerischer Wald, südl. Teil; Fritsch-Wanderkarte Nr. 62, 1:50 000, Mittlerer Bayerischer Wald

Einkehrmöglichkeiten: Gasthäuser in Freyung, Ringelai, Marchzipf und Falkenbach

Anfahrt: Busverbindungen von Grafenau, Waldkirchen und Passau nach Freyung, morgens, mittags und abends zwischen Freyung und Ringelai; **mit dem Pkw** über die B 12 über Passau oder auf der B 533 von Grafenau nach Freyung, Orientierungspunkt Freibad

Vom **Stadtplatz** in **Freyung** führen gleich mehrere Wege nach Westen zum Saußbach, wobei der nahe gelegene Sport- und Volksfestplatz und das Freibad als Orientierungspunkte dienen. Hinter dem Sportplatz gelangt man an der TÜV-Prüfstation (öffentlicher Parkplatz) direkt zum Wanderweg mit den Markierungen 1 und 2, der in Richtung Buchberger Leite führt. Der Einstieg zeigt sich noch keineswegs romantisch, führt er doch an der stachel-drahtumzäunten Bundeswehrkaserne »Am Goldenen Steig« und der Freyunger Kläranlage vorbei und unter dem Viadukt der Bundesstraße 12 hindurch, die von Passau zur tschechischen Grenze führt. Nach Passieren eines verschlammten Stausees und eines – in regenarmen Jahreszeiten – ausgetrockneten Flussbettes erreichen wir ein E-Werk und folgen hier den Markierungen 3, 1a und 2 am ausbetonierten Wehrgraben (30 Min.).

Bei der »**Scheer**«, wo sich Reschbach und Saußbach zur Wolfsteiner
Ohe vereinigen, überqueren wir die
Dr. Ancot-Brücke und folgen der »Sil-
berdistel«-Markierung. An der nächsten Gabelung biegt unser Wanderweg nach links ab. Ein Wegkreuz mit
einer Inschrift gedenkt eines
Schlauchbootunglücks mit tödli-
chem Ausgang. Nach einem 30 m
langen Felsstollen kommt die ehemalige Buchberger Mühle in Sicht.
An den einstigen Mühlenbetrieb erinnert die Inschrift am Hauseingang
des vom Ruin bedrohten Gebäudes:
»Ich mahlte einst das Korn, Gott
mahlt die Zeit in Ewigkeit«.

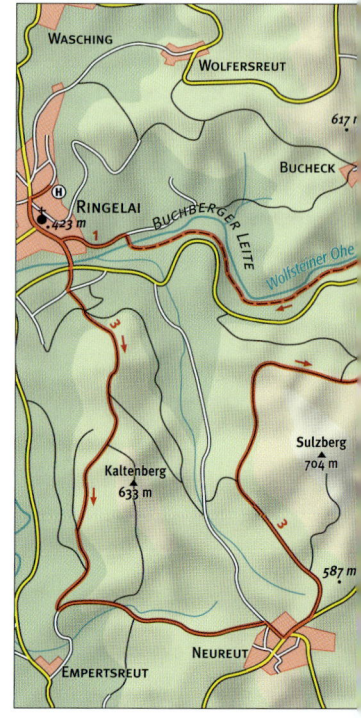

Wer ›gebirgsmäßiges‹ Klettern
nicht scheut, der kann in der Buchberger Leite einige hundert Meter
hinauf zu den Resten der mittelalter-
lichen Burganlage von Neuenbuch-
berg und Wildenstein hinaufsteigen.

Unsere weitere Wanderung aber
folgt dem Wegweiser Richtung Ringelai durch die überbaute Durch-
fahrt des **Karbidwerks** hindurch
(1.30 Std.). Unmittelbar danach ist,
dem linken Bachufer folgend, nach
rechts in den Wanderweg 3a einzu-
biegen. Wir bleiben auf dem schmalen Steig, von dem bereits der Autoverkehr zwischen Freyung und Ringelai zu hören ist, bis sich kurz vor
Ringelai das Tal weitet. Eine am Ein-
gang des Tales aufgestellte Informationstafel erzählt in Zahlen und Fak-
ten von der Holztrift im vorigen Jahrhundert (s. a. S. 14).

Über einen Holzsteig wird der Rin-
gelaier Leitenweg erreicht, der dann
unmittelbar ins Ortszentrum von
Ringelai führt (Bushaltestelle). In
Ringelai, wo sich der Besuch der
schönen Pfarrkirche mit Christlkindl-
Wallfahrtsbild empfiehlt, bestehen
gute Einkehrmöglichkeiten.

Für den Rückweg folgt man von
der Ortsmitte aus der Straße nach
Freyung über die Ohe-Brücke, bis

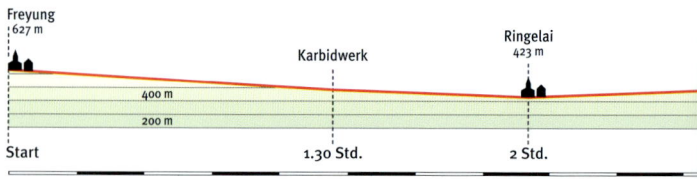

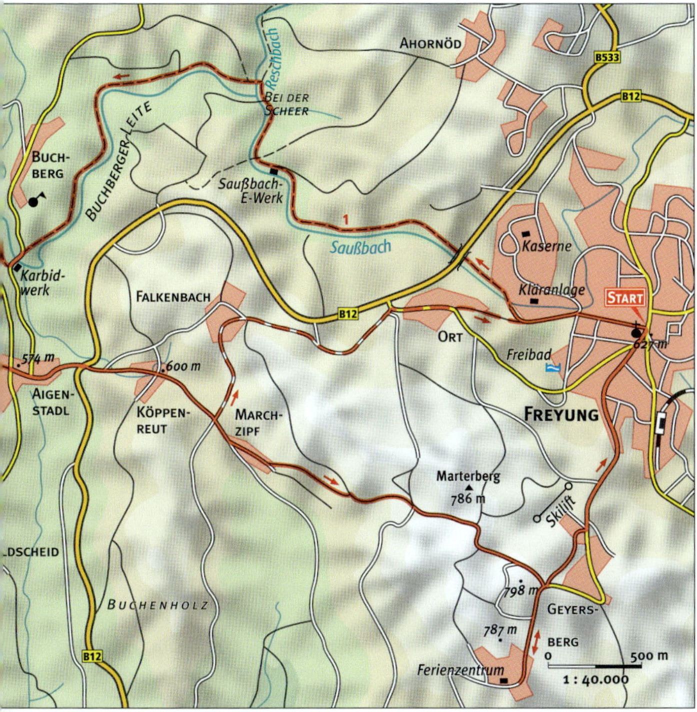

man auf der rechten Straßenseite auf einen leicht ansteigenden Sandweg (Wanderweg 3) stößt. Auf diesem Weg gelangt man nach 2 km nach **Neureut** (3 Std.) und weiter über Aigenstadl und Köppenreut nach **Falkenbach**. Dort folgt man dem Weg, der über Marchzipf in östliche Richtung auf schattigen Pfaden zum Ferienzentrum **Geyersberg** führt (4.30 Std.). Von dort aus erreicht

man in einer halben Stunde wieder das Zentrum von **Freyung** (5 Std.).

Bayerwald-Edelsteine

Nach der Einstellung der Karbidgewinnung werden im 1903 gegründeten **Wiedes Carbidwerk** besondere Kostbarkeiten produziert: Synthetische Edelsteine wie Sternsaphire,

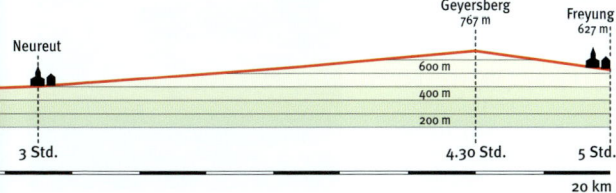

11

Tour

Auf romantischen Pfaden verläuft die Wanderung durch die Buchberger Leite

Sternrubine und Spinelle. Fußend auf den Forschungsarbeiten von Prof. Verneul, Mitglied der Französischen Akademie der Wissenschaften, geschieht hier folgendes ›kleine Wunder‹: Durch Glühen von aus Ammoniak-Alaun gewonnenem Aluminiumoxyd wird unter Beimischen weiterer farbgebender Oxyde in speziellen Öfen bei etwa 2000° C die Rohware für die vor allem nach Sri Lanka, Burma und in die USA exportierten »Bayerwald-Edelsteine« geschmolzen.

Flora und Geologie der Buchberger Leite

»Leiten« sind kleine Talschluchten, die von den Bächen, die vom bayerisch-böhmischen Gebirgskamm herunter kommen, tief in das Urgestein eingegraben wurden. Die längste Zeit des Jahres liegen sie halb trok-

ken, denn kleine Elektrizitätswerke leiten das Wasser aus dem Bachbett ab, um Strom zu gewinnen. Das gilt auch für die »Buchberger Leite«.

Trotzdem sind hier Wanderungen, vor allem unter botanischen Aspekten, besonders reizvoll. Diese Leite zählt – so das Bayerische Umweltministerium – zu den 100 schönsten Biotopen des Freistaates! Das Bachbett der Leite ist mit dick bemoosten Steinen übersät. Im Frühsommer blühen zahlreiche Hochstauden wie Waldgeißbart und Alpenmilchlattich. Auf den Felsen ist der zarte Tüpfelfarn häufig anzutreffen. Den Nährstoffreichtum im Boden dokumentieren die zarten Blattrosetten des Waldmeisters. Aber auch Eschen, Bergulmen und Bergahorn bereichern den Fichten-, Tannen- und Buchenwald. Auch geologisch ist das Tal interessant, weil es auf einer Länge von etwa 1 km den »Pfahl«, eines der markantesten Naturdenkmäler des Waldlandes, durchschneidet. Diese Hügelkette aus Quarzgestein erstreckt sich von Viechtach bis nach Freyung.

Waldgeißbart in der Buchberger Leite

Von Kapelle zu Kapelle

Rund um den Graineter Kessel im Wolfsteiner Land

Reizvoll wegen seiner Streifenfluren und schönen Aussichtspunkte ist der Graineter Kapellenweg, auf dem wir 13 Kirchen, Kapellen und Wallfahrtstätten kennenlernen, eine Route so recht zur inneren Einkehr und zum Nachempfinden der Volksfrömmigkeit der Waldler.

DIE WANDERUNG IN KÜRZE

++
Anspruch

Charakter: Einfache, aber lange Wanderung auf gut-befestigten Wegen, teilweise Teerstraßen

Wanderkarte: Topographische Karte 1:50 000, UK Naturpark Bayerischer Wald, südl. Teil

6 Std.
Gehzeit

20 km
Länge

Einkehrmöglichkeiten: Gaststätten in Grainet, Hobelsberg und Fürholz

Anfahrt: Mit dem **PKW** von der Donauebene her über die Autobahn Deggendorf – Passau und den Autobahnzubringer Aicha v. Wald Richtung Waldkirchen, weiter über Fürholz nach Grainet. Aus nord-westlicher Richtung (oberer Bayerischer Wald) über B 85 und B 533 (Abzweigung bei Schönberg) nach Grafenau und von dort über Freyung nach Grainet. **RBO-Busse** der Regionalbahn Ostbayern und private Linienbusse verkehren über Waldkirchen (umsteigen) und Freyung (umsteigen) nach Grainet. Fahrpläne beim Verkehrsamt Grainet (Obere Hauptstraße 21), 94143 Grainet, Tel 08585/960030, Fax 08585/960096.

Inmitten des Graineter Kessels mit seinen landschaftlich reizvollen Streifenfluren liegt das Pfarrdorf **Grainet,** dessen Silhouette von gleich zwei spitztürmigen Kirchen geprägt ist. Im südlichen Bereich des Dorfangers beginnen wir von der Nikolauskirche aus unsere Wanderung. Die Ursprünge dieser Kirche gehen auf das Jahr 1518 zurück, als ein Ablassbrief (durch Geld- und Sachspenden konnten reuige Sünder Vergebung und Rettung vor dem Fegefeuer erkaufen) von Papst Leo X. den Kirchenbau so richtig in Schwung brachte. Eine erste wirtschaftliche Blüte erreichte das im 16. Jh. nur 16 Höfe zählende Dorf durch den Salzhandel auf dem Goldenen Steig von Passau über Waldkirchen nach Böhmen. Auf den Rücken von Pferden wurde das aus dem Salzburgischen stammende »weiße Gold« in Fässern von Passau über die Grenze hin zu den böhmischen Dörfern transportiert.

Nach einem Besuch der Nikolauskirche und vorbei an dem schmucken

Altar der Kapelle in Unterseilberg

Marien- und Josefibrunnen lockt – für ein so kleines Bayerwalddorf eher ungewöhnlich – ein weiteres Gotteshaus zur Andacht: die Pfarrkirche zur Heiligsten Dreifaltigkeit, die aufgrund einer großzügigen Stiftung durch den Passauer Schiffmeister Lukas Kern in den Jahren 1748 bis 1756 im Barockstil erbaut wurde.

In nördlicher Richtung verlassen wir schließlich den Ort über eine Brücke über den Glasbach auf dem Wanderweg Nr. 2 und wandern dem Rande des Grainet Kessels zu nach **Unterseilberg** (30 Min.). Das bäuerlich geprägte Dorf ist anerkanntermaßen eines der schönsten weit und breit, wie Medaillen des Wettbewerbs »Unser Dorf soll schöner werden« belegen. Die Dorfkapelle wirkt

von außen eher bescheiden, ist aber im Inneren ein Juwel der Volksfrömmigkeit, ist sie doch zur Gänze mit sakralen Bilder wie etwa der Leidensgeschichte Christi geschmückt. Die Entstehung dieses barocken Kleinods ist auf einem Balken am Gewölbe mit der Jahreszahl 1766 datiert.

Von Unterseilberg verabschieden wir uns dann am südlichen Ortsausgang mit einem Blick auf ein »Waffen-Christi-(oder Arma-Christi-) Kreuz« und wandern hinauf nach **Rehberg** (1 Std.), das beim Schönheitswettbewerb ebenfalls Preise zugesprochen bekam. Die Kapelle am westlichen Ortseingang ist zwar neu (1964), das hier dominierende Waffen-Christi-Kreuz hingegen rund 150 Jahre alt. Die Kapelle selbst ist der Schmerzhaften Gottesmutter geweiht.

Wir vertrauen uns nun dem Wanderweg Nr. 1 in östliche Richtung an und halten auf Fürholz zu. Unterwegs begegnet uns in **Ohmühle** eine Pestsäule aus dem 17. Jh. Pestsäulen sind im Bayerischen Wald als Zeichen der Dankbarkeit für die Errettung vor dem »schwarzen Tod«, der hier reiche Ernte hielt, häufig anzutreffen. **Fürholz** (2 Std.) war im Mittelalter ein Säumerort mit Herbergen. Von Waldkirchen her zogen im 16. und 17. Jh. wöchentlich oft bis zu 1300 Salz-Säumer mit ihren kurzbeinigen Pferden Richtung böhmische Grenze. Die Dorfkapelle ist, so

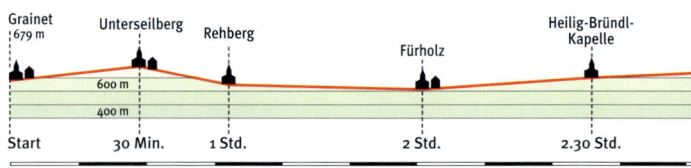

wird auf den beiden Fenstern im Altarraum bekundet, den Heiligen Wolfgang, dem Schutzpatron der Handelsleute, Leonhard, einem der vierzehn Nothelfer und Schutzpatron für Reiter, Pferd und Vieh, und Florian, der vor Feuersbränden schützt, geweiht.

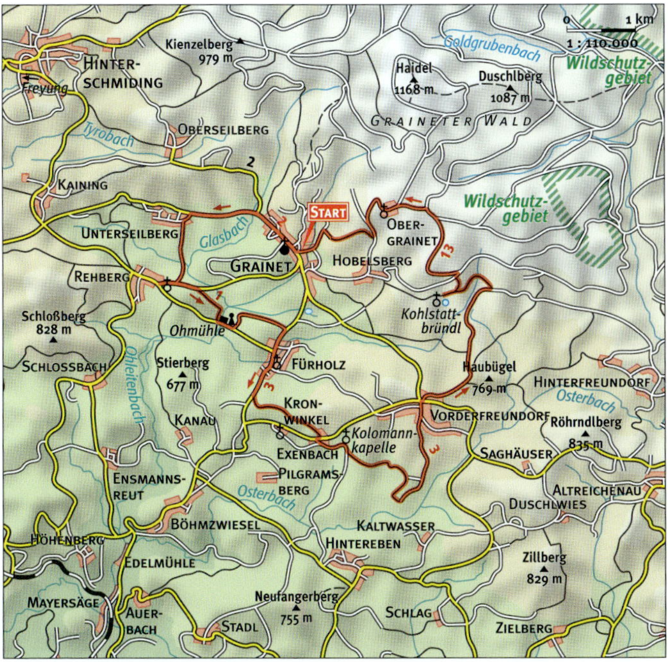

Von Fürholz aus folgen wir in südliche Richtung dem Wanderweg Nr. 3 nach **Kronwinkel.** Im Dorfzentrum finden wir die als Ersatzbau im Jahre 1991 erstellte Dorfkapelle, in der vor

allem der hl. Sebastian verehrt wird, der Patron der Schützen und, weil er bei seinem Martyrium an einen Apfelbaum gefesselt gewesen sein soll, auch der Mostbauern.

Wir bleiben auf dem 3er-Wanderweg, um nach **Exenbach** zu kommen. Der Ortsname hat nichts mit Eidechsen zu tun, die es an Feldrainen natürlich gibt, sondern hat sich aus dem Flurnamen »Ochsenpach« (Ochsenbach) entwickelt. Im Zuge der Dorferneuerungsmaßnahmen

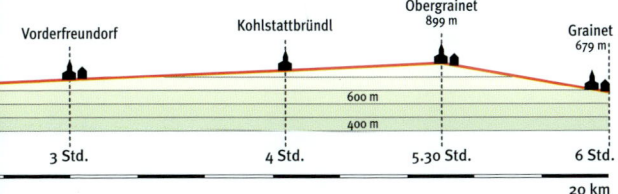

57

wurde hier im Jahr 1993 die Kapelle erneuert und der Gottesmutter Maria geweiht.

Wir müssen nicht weit gehen (weiterhin Weg Nr. 3), um gleich wieder einer Kapelle zu begegnen: die dem hl. Kolomann geweihte **Heilig-Bründl-Kapelle** (2.30 Std.), deren Ursprünge auf das Jahr 1656 zurückgehen. Im Zuge der Säkularisation im Jahre 1803 sollte die Kapelle versteigert werden, was jedoch die Exenbacher verhinderten, indem sie sie selbst erstanden. Interessant sind hier vor allem die Schablonenmalereien.

Nur 30 Min. sind es von hier aus bis nach **Vorderfreundorf,** wo sich am Ortsrand die 1960 als Ersatzbau errichtete Marienkapelle findet, der ein Leichenhaus angegliedert ist.

Unsere nächste Station ist die **Wallfahrt zum Kohlstattbründl** (4 Std.) am Fuße des Haidlberges, der von einem imposanten Aussichtsturm gekrönt ist. Die fromme Überlieferung erzählt, dass hier an einem Sonntag im September des Jahre 1753 ein schwarzer Hase den Häusler und Jäger Lorenz Seidl von seinem Kirchgang abgelenkt habe, so dass dieser vor Jagdeifer völlig seine Sonntagspflicht vergessen habe. Als schließlich die Graineter Kirchenglocken den Beginn des Gottesdienstes verkündeten, soll der Waidmann einen Schwächeanfall erlitten haben. Versinnbildlicht wird

dieses Geschehen durch ein Votivbild. Gerne besucht wird diese Wallfahrtsstätte auch wegen der hier entspringenden Heilquelle, deren Wasser verschiedene Leiden lindern helfen soll. Den Altar schmückt eine Pietà. Zur Andachtsstätte, deren bedeutendster Wallfahrtstag Maria Himmelfahrt (15.August) ist, gehört auch eine überlebensgroße Kreuzigungsgruppe.

Wegen der schönen Aussicht , die an klaren Tagen bis hin zu den Bayerischen und Salzburger Alpen reicht, ist die Wanderung hinauf nach **Obergrainet** (5.30 Std.) besonders lohnend. An die bescheidene waldlerische Baukunst von einst erinnern die an den Südhang geschmiegten Häuser. Die rund 60 hier lebenden Dörfler haben sich im Jahre 1988 aus dem Abbruchmaterial alter Häuser ebenfalls eine eigene Kapelle errichtet, die sie dem im Jahre 1987 selig gesprochenen Münchner Jesuitenpater und »Männerapostel« Rupert Mayer weihen ließen. Pater Rupert Mayer kämpfte mutig gegen die Nazi-Diktatur und wurde deshalb von den Machthabern des Dritten Reichs verfolgt und im KZ Sachsenhausen inhaftiert.

Der Kapellenvorplatz lädt zu einer lauschigen Rast und zu einem schönen Blick hinunter in den Graineter Kessel und hinüber zum Vorwald ein. Auf dem Rückweg über **Hobelsberg** weisen uns die beiden Kirchtürme den Weg hinab nach **Grainet** (6 Std.).

Idylle am Fluss

Durch die Flusslandschaft der Ilz

Diese auch botanisch reizvolle Streckenwanderung führt ins wildromantische Tal der Ilz, eines der letzten fast unberührten Fließgewässer Deutschlands, das dafür sogar ausgezeichnet wurde. Ein Erlebnis fernab von den Trampelpfaden des Tourismus.

DIE WANDERUNG IN KÜRZE

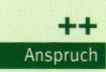

++

Anspruch

5 Std.

Gehzeit

15 km

Länge

Charakter: Einfache Tageswanderung fast ohne Steigungen

Wanderkarten: Topographische Karte 1:50 000, Naturpark Bayerischer Wald, südl. Teil; Fritsch Wanderkarte Nr. 62, 1:50 000, südlicher Bayerischer Wald

Einkehrmöglichkeiten: Schneidermühle (Gasthaus Zur Hammerschmiede, ca. 500 m vom Ufer entfernt); Schrottenbaummühle (Übernachtungsmöglichkeiten und Campingplatz)

Anfahrt: Mehrmals tägl. **Busse** auf der B 85 von Passau Richtung Schönberg und weiter in den oberen Wald, Haltestelle in Eberhardsreuth; für den Rückweg wäre dann ein Fußmarsch von der Schrottenbaummühle nach Tittling erforderlich. Mit dem **Pkw** über die B 85 (aus Richtung Schönberg, Grafenau, Tittling) nach Eberhardsreuth und dort im Ortszentrum Richtung Haus im Wald zur Ettlmühle abbiegen, wo man nach 1 km den Einstieg direkt an der Ilzbrücke findet.

Hinweis: Es empfiehlt sich, diese Tour mit zwei Pkw zu organisieren: Morgens stellt man ein Auto am Parkplatz vor der Schrottenbaummühle ab und fährt mit dem zweiten über Rappenhof und Loizersdorf zur B 85 und weiter wir oben beschrieben. Eine Kombination mit Wanderung Nr. 15 (Ilzrundwanderung) ist möglich.

Der Einstieg zu dieser Tour liegt an der Kreisstraßenverbindung zwischen Eberhardsreuth und der Streusiedlung Stöcklholz, ungefähr 1 km von Eberhardsreuth entfernt an der **Ettlmühle,** wo sich die Große Ohe mit der Kleinen oder Grafenauer Ohe zur Ilz vereinigt. Hier steht ein Gedenkstein für die Auszeichnung des Naturschutzgebietes als »Deutschlands Flusslandschaft des Jahres 2002/2003«.

An dem alten Mühlengebäude mit auffälligem Hauseckstein in Form eines Türken streben wir unmittelbar an der Brücke dem linken Flussufer zu, das von alten Erlen und Weiden begleitet wird. Wir folgen ca. 10 m vom Flussufer entfernt dem ausgetretenen Fischersteig, bis uns ein Waldgrundstück aufnimmt.

Bereits nach wenigen Metern lichtet sich der Wald. Wir gehen rechts am Waldrand entlang auf landwirtschaftlich genutzten Wegen – nie den Flusslauf aus den Augen verlierend – bis zu einem kleinen Steg, überqueren das Haselbächlein und treffen wieder auf das Ilzufer. Schließlich gelangen wir auf einem Forstwirtschaftsweg zum verfallenen Stauwehr der Rosenberger Säge, die zwar nicht mehr im Betrieb ist, in der aber auch heute noch ein alter Fährmann wohnt.

Auf einer Sandstraße (im Sommer 2005 soll dieses Wegstück zu einem Rad- und Wanderweg ausgebaut werden) erreicht man dann die Ilzbrücke bei **Furthsäge** (1.30 Std.). Hier treffen wir auf die Kreisstraße von Furth nach Rettenbach, an der wir nach links abbiegen. Wir folgen ihr nur 50 m und biegen dann nach rechts in ein leicht ansteigendes Teersträßchen am linken Ufer der Ilz ab. Nach 500 m treffen wir auf eine Kläranlage, die mehr einem Bauernhof gleicht, und wandern durch ein langgezogenes Wiesental zum Wehr der Ohmühle, die sich jedoch am rechten Flussufer befindet.

Auf einem Wiesenweg erreicht man nach einer Lagerfeuerstelle und vorbei an einem Bienenhaus ein Einzelanwesen, bei dem man die Wahl hat, sich entweder dem Flussufer entlang einem Jäger- und Fischersteig

anzuvertrauen oder den Umweg auf einem betonierten Wirtschaftsweg, den Biberbach überquerend, nach Ellersdorf und dann wieder hinab zum Ilztal in Kauf zu nehmen. Die letzte Möglichkeit ist auf alle Fälle in Übergangszeiten oder an regnerischen Tagen zu empfehlen, wenn man auch für die Strecke eine halbe Stunde länger braucht.

In **Ellersdorf** ist in der Ortsmitte beim freistehenden Holzbackofen und der Dorfkapelle nach rechts ins Ilztal abzuzweigen. Am Waldrand, direkt am Ilzufer, verweist eine Informationstafel auf den vor Jahren geführten und gewonnenen Kampf der Naturschützer zur Rettung der Ilz, deren Ursprünglichkeit immer wieder von ehrgeizigen Stauwerksplänen bedroht war. Die Ilz und ihre Uferauen sind heute als Naturschutzgebiet ausgewiesen. Eine Vielzahl selten gewordener Pflanzen und Tiere gibt es hier zu bewundern, so die Akeleiblättrige Wiesenraute, den Bunten Eisenhut, das Leberblümchen und im Frühjahr leuchtende Schlüsselblumenwiesen. Die **Dießensteiner Leite** (2.30 Std.) zeigt sich als die romantischste Waldschlucht des gesamten Flusslaufs. Tosend stürzen die Wasser über die Granitkatarakte, die in einen unterwuchsreichen Mischwald eingebettet sind. Hier sollte man sich Zeit nehmen und da und dort auf eine der bemoosten Felskanzeln steigen, um das Naturschauspiel in sich aufnehmen zu können.

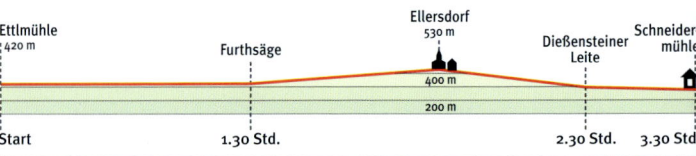

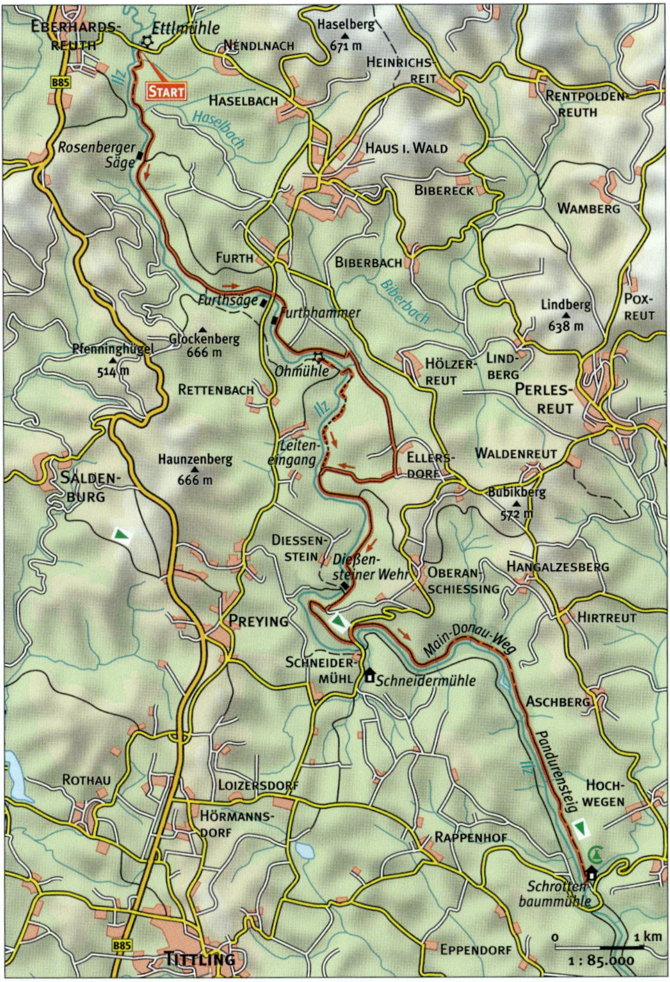

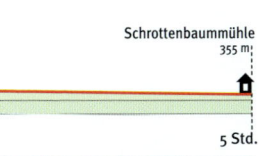

Schrottenbaummühle
355 m

5 Std.

15 km

Die Auwaldränder und Hangwälder der Ilz werden in einigen Waldteilen zwar von monotonen Fichtenpflanzungen beherrscht, dennoch fehlt es nicht an Eschen, Erlen, Weiden und Pappeln, die Reh und Hase, Wasserratte und Rötelmaus, dem Fischotter, Baum-, Edel-, Haus- und Steinmarder, Fuchs, Dachs und Iltis, Siebenschläfer und Eichhörnchen sowie zahlreichen Wasservögeln (Eisvogel, Wasseramsel, Gänsesä-

Einer der letzten Wildflüsse Deutschlands: die Ilz (hier in der Dießensteiner Leite)

ger, Schwarzstorch, Habicht, Graureiher, Wiedehopf und Waldkauz) Schutz geben. Wassermolche, Feuersalamander, Flussperlmuschel, Flusskrebs, Bach- und Regenbogenforelle, der Bachsaibling, Äschen, Nasen, Gründlinge, Barben und Rutten sowie der »König der Ilzfische«, der Huchen (der ein Alter von 15 Jahren und eine Länge von 1,5 m erreicht), machen die Ilz zu einer ökologischen Besonderheit.

Vom Leiteneingang, wo unterirdisch eine Fernwasserleitung die Ilz quert, bis zum Dießensteiner Wehr sind wir rund eine halbe Stunde unterwegs. Diese Strecke ist jetzt gut markiert (grüner Pfeil nach links). Am **E-Werk Dießenstein,** das sich als verfallenes, nicht mehr bewohntes Anwesen zeigt, führt ein Holzsteg über die Ilz hinweg, über den man auch einen Abstecher zum Ort Dießenstein und von dort, einem Hinweisschild folgend, zur Ruine Dießenstein oder weiter nach Preying unternehmen kann, falls man eine ausgiebige Tageswanderung eingeplant hat (s. auch Tour 15).

Wer sich aber mit der romantischen Ilz-Wanderung zufrieden gibt, muss am linken Flussufer bleiben und dem Wegweiser nach Schneidermühle folgen. Unmittelbar hinter dem Ilz-Steg, also immer noch auf der linken Flussseite, gabelt sich der nicht mehr aufgesandete Weg. Zu folgen ist rechts dem schmalen Fischersteig direkt der Ilz entlang auf teils morastigem Grund. Im Herbst wandert man durch fast 2 m hohes, üppig blühendes Springkraut, durch wahre Wälder des Schlitzblättrigen Sonnenhuts *(Rudbeckia laciniata),* während der Frühling mit Buschwindröschen- und Schlüsselblumenwiesen aufwar-

plantage, an die sich jedoch bald eine überaus abwechslungsreiche Flora mit weiten Blumenwiesen und – kurz vor der Schrottenbaummühle – Eichen- und Buchenhangwälder anschließen. In diesem romantischen Gefilde kann man an lauen Sommerabenden die selten gewordenen Glühwürmchen (Leuchtkäfer) tanzen sehen.

Die Ruhebänke mehren sich, je näher man an die **Schrottenbaummühle** (5 Std.) herankommt, die bereits im Jahre 1593 urkundlich erwähnt wurde und heute eine der beliebtesten Ausflugsstätten (mit Zeltplatz) entlang der gesamten Ilz ist. Die Familie Segl, die ein gutbürgerliches, ganzjährig geöffnetes Gasthaus mit Pension betreibt, ist hier bereits seit 1730 ansässig. Besonders zu empfehlen sind die fangfrische Forellen nach Müllerinen-Art, die deftige Brotzeitplatte und die hausgemachte Süßspeisen.

tet. Auch der Hahnenfuß, die Wasserlilie und das Zottige Weidenröschen sind hier zu Hause. Als besonders schützenswert gelten Straußfarn, Waldgeißbart, Seidelbast und Akeleiblättrige Wiesenraute sowie die Bergglockenblume. Schließlich nimmt uns ein schattiger, bequemer Waldweg auf, bis sich das Ilztal kurz vor der **Schneidermühle** (3.30 Std.) wieder zu einer Auwiese weitet.

An der Schneidermühle mit dem mehrteiligen Gebäude eines Sägewerks überqueren wir die Kreisstraße von Tittling nach Perlesreut (nicht die Brücke über die Kreisstraße nehmen!). Unmittelbar daran anschließend führen der »Main-Donau-Wanderweg« sowie der »Pandurensteig« wiederum am linken Flussufer entlang in Richtung Schrottenbaummühle. Dabei geht es zunächst durch einen Buchenhochwald, dann folgt eine etwas eintönige Fichten-

Die Ilz

Von ihren Ursprungsquellen im Nationalpark Bayerischer Wald (Rachelsee) bis zur Burg Niederhaus in Passau und damit ihrer Einmündung in die Donau überwindet die Ilz auf 65 km einen Höhenunterschied von 780 m und entwässert ein Gebiet von 851 km^2. Den Namen Ilz trägt der Flusslauf allerdings erst nach dem Zusammenfluss der Großen und Kleinen Ohe in Ettlmühle bei Eberhardsreuth. Ein Stück dieses Flusswanderweges ist auch als Europäischer Fernwanderweg bzw. als Pandurensteig (»Krummsäbel«) markiert.

Die Ilz bildete bis zur Säkularisation im Jahre 1803 die Grenze zwischen dem Fürstbistum Passau und dem Königreich Bayern.

Tour 14

Alte Häuser am See

Von Saldenburg über den Diebstein zum Museumsdorf am Dreiburgensee

Ein Spaß für heiße Tage ist das Bad in einem der beiden Seen, die auf dieser Tour liegen. Weitere Höhepunkte: das Waldheiligtum Bründlkapelle und das Museumsdorf am Dreiburgensee.

DIE WANDERUNG IN KÜRZE

+
Anspruch

4 Std.
Gehzeit

12 km
Länge

Charakter: Einfache, erlebnisreiche Tagestour auf bequemen Wegen

Wanderkarten: Topographische Karte 1:50 000, UK 50-30, Naturpark Bayerischer Wald, südlicher Teil

Ausrüstung: Badesachen: die Seen locken im Sommer mit Temperaturen um die 23 °C.

Einkehrmöglichkeiten: Gaststätte am Dreiburgensee und Gasthof Mühlhiasl im Museumsdorf

Anfahrt: Mit dem **PKW** von Westen und Süden auf der B 85 oder über die Autobahn Deggendorf–Passau und den Autobahnzubringer Aicha v. Wald zur B 85, Abzweigung nach Saldenburg. Von der Haltestalle an der B 85 zum Ausgangspunkt sind es rund 1.5 km auf der wenig befahrenen Kreisstraße.

Öffnungszeiten: Saldenburg, nur mit Führung, Tel. 08504/ 912312; Museumsdorf Bayerischer Wald, Tel 0 85 04/84 82; Ostern bis 1. Nov. tägl. 9–17 Uhr.

Bevor wir uns auf den Weg machen, sollten wir der »Waldlaterne« einen Besuch abstatten, wie die **Saldenburg** von den Einheimischen aufgrund ihrer laternenartigen Form auch genannt wird. Der granitene Würfel stammt aus dem 14. Jh. Im dritten Stock befinden sich ein gotischer Rittersaal mit Spitzgewölben und eine Burgkapelle. Wenn nicht gerade Führungen angeboten werden, bleibt das Burgtor jedoch verschlossen, da hier seit über 70 Jahren eine Jugendherberge eingerich-

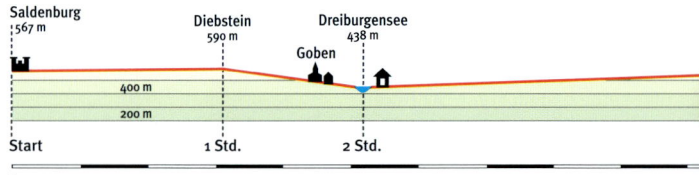

tet ist. Dennoch lohnt es sich den Burgberg hinauf zu spazieren, um von der Aussichtsplattform ein Erinnerungsfoto zu schießen.

Danach brechen wir zu unserer Wanderung vom **Saldenburger Rathaus** (ehemaliges Schulhaus) neben der Filialkirche hin zum südwestlichen Ortsausgang auf der Kreisstraße in Richtung Thurmansbang auf. Bei der ersten Weggabelung wenden wir uns nach links und gehen am Sportplatz vorbei. Auf der Kreisstraße bleiben wir bis zum Weiler Altreuth und biegen hier links nach Hirschreuth ab. Dort folgen wir dann den Markierungen zum **Diebstein** (1 Std.).

Wie die Sage erzählt, sollen einst Wilderer im Bauch dieses Berges ihre Beute zerlegt haben. Außerdem soll der schaurige Ort Verirrte verschlungen haben.

Das folgende Stück des Wanderwegs ist mit den Ziffern 81 und 65 versehen. Wir streben dem Bauerndörflein **Goben** zu. Im Süden davon wird die Gobener **Bründlkapelle** (erbaut 1712) sichtbar, ein beliebtes Bayerwald-Fotomotiv und ein alter Wallfahrtsort, weil dort eine heilkräftige Quelle entspringt, die bei Augenleiden und Zahnschmerzen Linderung bringen soll. Als Dachreiter trägt die Kapelle ein schindelgedecktes Zwiebeltürmchen.

Fast parallel zur Kreisstraße führt unsere Route (Nr. 65, 66) an einem kleinen Wäldchen und in Hörweite

der Kreisstraße entlang in südöstliche Richtung bis direkt zum Westufer des **Dreiburgensees** (2.15 Std.). Am südlichen Ende breitet sich die Dreiburgensee-Hotelanlage von Georg Höltl aus, des Erfinders der in allen Erdteilen verkehrenden Rotel-Tours-Busse, der als größter Busreiseunternehmer der Welt gilt. Zu seinem Lebenswerk zählt auch der Bau des **Museumsdorfes,** das direkt an den Dreiburgensee angrenzt. Aus allen Teilen des Bayerischen Waldes ließ er ihren Besitzern lästig gewordene Waldlerhäuser mit diversen Nebengebäuden, Sägewerke, Schmieden und Mühlen abtragen und hier wieder aufbauen. Auf einer Fläche von 20 ha sind hier über 140 Bauobjekte zu einem idyllischen Dorf vereint, das bereits mehrmals die Kulisse für Spielfilme abgab. Hier lassen sich 40 Handwerksberufe verfolgen, und an die 50 000 Exponate geben Einblick in die waldleri-

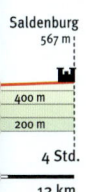

Saldenburg
567 m

400 m
200 m

4 Std.

12 km

Museumsdorf Bayerischer Wald am Dreiburgensee

sche Baukultur des 17. bis 19. Jh.

Nach einer Einkehr im Mühlhiasl-Gasthof, der einen Gastgarten mit plätscherndem Brunnen und eine Kegelbahn besitzt, wo »alle Neune« noch per Hand aufgestellt werden, treten wir den Rückweg an. Wir folgen dem überaus romantischen Rundweg um den See vom südlichen Seeufer aus, vorbei an der **Oischinger Hütt´n,** wo es ebenfalls Brotzeiten und Most (Apfelwein) gibt. Besonders beliebt sind die Liegewiesen am Ostufer des Sees, wo man auch Ruderboote leihen kann. Am nördlichen Seeufer überschreiten wir eine Brücke, um dann dem Wanderweg auf der Ostseite des Langbachs zu folgen. In Unteröd stoßen wir nach einer Weggabelung auf den Weg mit der 81er- und 82er-Markierung, später auch der 2er-Markierung, dem wir nach links folgen. Hier bietet sich eine Einkehrmöglichkeit im Feriendorf Rauscher an.

Eine letzte Überraschung auf dieser Tour bietet, nachdem wir den Wald verlassen und eine Brücke passiert haben, ein **Wildgehege** und der Saldenburger Waldlehrpfad. Einem Trimm-Dich-Pfad folgend erreichen wir schließlich den **Saldenburger See** mit Waldspielpark und Parkplatz. In die Alte Poststraße biegen wir nach links ein und gelangen wieder in den Ortskern von **Saldenburg** (4 Std.).

Die Saldenburg

Selbst aus der Entfernung ist die Saldenburg ein unübersehbarer Wegweiser, falls Abkürzungen gewählt werden. In die heimatkundliche Literatur eingegangen ist diese Burg vor allem aufgrund der schicksalhaften Geschichte ihres Gründers, des Ritters Heinrich Tuschl von Söldenau, der sie im Jahre 1368 erbaute und 1376 aus Kummer über seine untreue dritte Ehefrau Elsbeth Mauthner von Katzenberg starb. Sie hatte ihn mit einem seiner Knechte betrogen und war schließlich mit ihrem Geliebten durchgebrannt. Der gehörnte Ritter, so erzählt die Sage, folgte dem geflüchteten Paar ins welsche Land und fand seine Frau

Jahre später in einer Schusterwerkstätte wieder, umgeben von einer großen Kinderschar. Sein früherer Knecht flickte ihm die Stiefel, erkannte seinen vor Gram vorzeitig gealterten Herrn aber nicht. Unerkannt und todtraurig kehrte der Ritter wieder in sein Wald-Reich nach Saldenburg zurück und blieb bis zu seinem Tod allein, weshalb er als »Ritter Allein« in die Geschichte eingegangen ist.

Museumsdorf Bayerischer Wald

Am Dreiburgensee bei Tittling, etwa 5 km südlich von Preying, liegt das Museumsdorf Bayerischer Wald. Die 1974 eröffnete private Einrichtung präsentiert bäuerliche Anwesen aus dem gesamten Bayerischen Wald sowie der südlichen Oberpfalz. Mehr als 140 vom Verfall bedrohte Gebäude wurden auf das 20 ha große Gelände versetzt. Im einzelnen zeigt das Museum die verschiedenen Bauformen vom 16. bis zum 19. Jh. Unter den rund 50 bäuerlichen Anwesen befinden sich zahlreiche sogenannte »Inhäuser«, Kleinstbetriebe, deren Bewohner keine oder nur wenige Flächen Land bewirtschafteten. Auch eine Reihe stattlicher Höfe, meist Einfirstanlagen, aber auch Dreiseit- und Vierseithöfe wurden aber aufgebaut. Ergänzt werden die Höfe durch Scheunen, Getreidekästen, Kapellen, Brechhäuser, Backöfen u.v.m. Neben technischen Denkmälern wie Mühlen, Hammerschmieden und Sägewerken befindet sich hier auch die älteste Dorfschule Deutschlands (1666). Die historischen Holzbauten bergen zudem große Sammelbestände, z. B. Mobiliar, Hausrat und Gerätschaften von Bauern und dörflichen Handwerkern. Ein imposantes historisches Wirtshaus lädt zur Einkehr ein; für volkstümliche Großveranstaltungen wie z. B. Sängertreffen steht ein eigenes Gebäude – eine alte Böhmerwaldglashütte – zur Verfügung.

Im Tal der Schwarzgelockten Ilz

Rundwanderung von Preying ins Ilztal

Eine Wanderung, die kulturelle und landschaftliche Höhepunkte vereint: die schöne Preyinger Pfarrkirche, die Burgruine Dießenstein und das reizvolle Ilztal. Und wer einmal in eine Hammerschmiede hineinschauen möchte, der hat ebenfalls Gelegenheit dazu.

DIE WANDERUNG IN KÜRZE

+
Anspruch

4.15 Std.
Gehzeit

11 km
Länge

Charakter: Leichte Wanderung ohne größere Steilstrecken auf gut ausgebauten, teils asphaltierten Wegen

Wanderkarten: Topographische Karte 1:50 000, UK 50-30, Naturpark Bayerischer Wald, südlicher Teil; Fritsch Wanderkarte Nr. 62, 1:50 000, Südlicher Bayerischer Wald

Einkehrmöglichkeiten: Gasthäuser in Preying und Trautmannsdorf, Gasthaus Zur Hammerschmiede bei der Schneidermühle

Anfahrt: Mit dem **Bus** aus Richtung Tittling, Schönberg und Grafenau nur frühmorgens und um die Mittagszeit. Rückfahrt in den späten Nachmittagstunden nur nach Schönberg und Tittling möglich. Mit dem **Pkw** aus dem oberen und südlichen Bayerischen Wald auf der B 85 bis zur Abzweigung zwischen Tittling und Saldenburg nach Preying. Vom Nationalpark und dem unteren Bayerischen Wald über Freyung nach Grafenau, Elsenthal und Furth nach Preying. Parkplatz am Kriegerdenkmal bei der Kirche.

Unsere Ilz-Rundwanderung beginnt im Pfarrdorf **Preying,** das sich glücklich schätzt, eine der schönsten spätgotischen Kirchen des Waldlandes zu besitzen (s. Titelbild). Die der hl. Brigida (Altarbild) geweihte Pfarrkirche beherbergt eine fast ein halbes Jahrtausend alte Madonna, eine spätgotische Maria-Selbdritt und zwei Seitenaltäre aus der Mitte des 18. Jh.

Vom Parkplatz am Kriegerdenkmal führt eine asphaltierte Straße

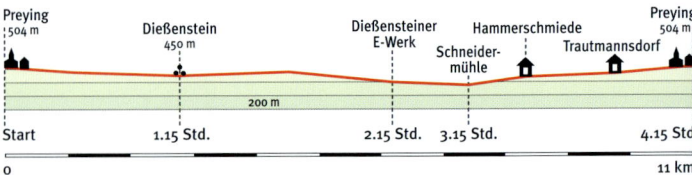

Preying 504 m — Dießenstein 450 m — Dießensteiner E-Werk — Schneidermühle — Hammerschmiede — Trautmannsdorf — Preying 504 m

200 m

Start — 1.15 Std. — 2.15 Std. — 3.15 Std. — 4.15 Std

0 — 11 km

talwärts nach Osten Richtung Ilztal, wobei das Gasthaus Zur Linde links liegenbleibt. Nach 300 m ist der Kreisstraße nach links zu folgen. Doch bereits nach 100 m können wir diese vielbefahrene Route verlassen und in Ebersdorf nach rechts zum Ilztal (Wegweiser) abbiegen. Nach 900 m führt die Straße Zur Mauth nach links (grünes Dreieck auf weißem Grund) direkt ins Ilztal. Diese Tour ist zugleich eine Teilstrecke des Saldenburger Rundwegs Nr. 84, weshalb auch diese Markierung anzutreffen ist.

Um die Burgruine Dießenstein zu besuchen, geht man allerdings noch ein Stück auf der Kreisstraße durch Ebersdorf in Richtung Lembach. Einen halben Kilometer nach dem Ortsausgang führt rechts hinauf ein Ortsverbindungsweg an Lembach vorbei zur Ortschaft **Dießenstein** mit ihren verstreut liegenden Bauerngehöften. An einer Weggabelung treffen wir auf ein Wegkreuz und ein hölzernes Hinweisschild mit der Aufschrift »Zur Burgruine 1/4 Std.«.

Dießenstein (1.15 Std.) war einst ein von Ritter Tuschl (Ritter »Allein« u.a., s. S. 67) Mitte des 14. Jh. erbautes Pfleggericht. Heute erinnert nur mehr eine etwa 8 m hohe Bruchsteinmauer an die im Jahre 1742 vom Pandurenoberst von der Trenk heimgesuchte Burg, die er einen ganzen Tag lang mit zwölfpfündigen Kanonen beschießen ließ, bis schließlich die 193 Mann starke Burgwehr die Waffen streckte. Trenk ließ es sich nicht nehmen, selbst nach dem Schatz der Burg zu suchen. Als er mit einer Fackel zu nahe an ein Pulverfass kam, explodierte es und schleuderte ihn aus der Kelleröffnung, wobei er schwere Verletzungen erlitt. Nicht Passauer Ärzte, sondern ein Kräuterweiblein soll ihm das Leben gerettet haben.

Von der Ruine wandern wir wieder zurück nach Ebersdorf und folgen der bereits erwähnten Straße Zur Mauth ins Ilztal und zum **Dießensteiner E-Werk**. Das Gebäude ist allerdings weitgehend verfallen, man hört nur das Surren der Turbinen.

Vom Kraftwerk führt unser Wanderweg weiter zum Ilzsteg und mündet am östlichen Ilzufer in den Europäischen Fernwanderweg »Nordsee-Rhein-Main-Donau« bzw. »Panduren-Steig«. Unmittelbar hinter dem Ilzsteg gabelt sich der nicht mehr ausgebaute Wanderweg. Wir suchen uns direkt am linken Flussufer den schmalen Fischersteig. Im zeitigen Frühjahr kann diese Strecke etwas morastig sein. Im Herbst das Flussufer gesäumt von 2 m hohem, üppig blühendem Springkraut, von ganzen Wäldern des Schlitzblättrigen Sonnenhuts *(Rudbeckia laciniata),* während der Frühling mit Buschwindröschen- und Schlüsselblumenwiesen erfreut. Auch der Hahnenfuß, die Wasserlilie und das Zottige Weidenröschen wachsen hier. Als besonders schützenswert gelten der Straußfarn, der Waldgeißbart, der Seidelbast und die Akeleiblättrige Wiesenraute sowie die Bergglockenblume.

Geradezu malerisch: die über Katarakte tosende Ilz bei Dießenstein

Anschließend nimmt ein schattiger, bequemer Waldweg den Wanderer auf, bis sich das Ilztal bei der **Schneidermühle** (größeres Sägewerk am rechten Flussufer) weitet. Hier trifft man auf eine größere Brücke, auf der wir die Ilz nach rechts überqueren. Das Schneidermühl-Sägewerk lassen wir auf der rechten Seite liegen und folgen der Kreisstraße. Eine ländlich-rustikale Einkehr bietet nach ca. 500 m, zur linken Seite der Kreisstraße, das **Gasthaus Zur Hammerschmiede** (mit Wasserrad). Der Bitte, einmal bei der Arbeit eines Hammerschmiedes zusehen zu dürfen, wird gerne entsprochen. Auch schmiedeeiserne Souvenirs wie Kerzenständer, Lampen und allerhand nützliches Haushaltsgerät können hier direkt vom Schmiedefeuer weg erworben werden.

Von hier wiederum sind es 600 m bis zur Abzweigung (rechts) nach **Kothingrub,** einem Weiler, von wo aus dem Weg nach ca. 300 m in Richtung **Trautmannsdorf** zu folgen ist. Eine Einkehr in der einst von Fuhrmännern und Steinhauern bevorzugten Alten Taverne bietet sich an.

Von der Taverne gehen wir nun auf der rechts zu Tale führenden Kreisstraße zur Ortschaft **Stadl** hinunter. Hier ist, von der Kreisstraße abzweigend, nach links dem Weg zum Ortsmittelpunkt zu folgen, bis man am Ortsausgang den Kirchweg erreicht, der mit schönem Blick auf die St. Brigida-Kirche direkt zu unserem Ausgangspunkt **Preying** zurückführt (4.15 Std.).

Wo sich einst drei Brüder trafen...

Zur Brudersbrunn-Wallfahrt am Hausberg von Grafenau

Ein Spazierweg mit schönen Aussichten führt von Grafenau zur Wallfahrtskapelle Brudersbrunn und zum Aussichtsstein mit herrlichem
Blick zum Vorwald.

DIE WANDERUNG IN KÜRZE

+
Anspruch

Charakter: Einfache, kurze
Wanderung mit nur kleinen
Steigungen; in der Über-
gangszeit ist wasserfestes
Schuhwerk erforderlich.

2 Std.
Gehzeit

Markierung: Nr. 1 und 2

6 km
Länge

Wanderkarten: Topographische Karte 1:50 000,
UK 5029 Naturpark Bayeri-
scher Wald, östlicher
Teil/Nationalpark Bayeri-
scher Wald; Fritsch Wan-
derkarte Nr. 160, 1:50 000,
Mittlerer Bayerischer Wald

Einkehrmöglichkeiten:
Gaststätten in Grafenau
und Schlag

Anfahrt: Nebenstrecke der
Waldbahn von Zwiesel

nach Grafenau, zahlreiche
Busverbindungen aus dem
oberen und unteren Baye-
rischen Wald sowie von
Passau nach Grafenau. Mit
dem **Pkw** über die B 85
oder B 533 aus Passau,
Regen und Freyung nach
Grafenau. Beste **Parkmöglichkeit** am Postparkplatz
(auch gebührenfrei) am
Rande der Altstadt.

Hinweis: 2005 soll dieser
Sommerwanderweg zu
einem Themenwanderweg
unter dem Motto des Wall-
fahrtgedankens umfunktio-
niert werden, wodurch sich
der Wegverlauf geringfügig
ändern könnte.

Wegen des im Mittelalter aufblühen-
den Salzhandels zwischen Bayern
und Böhmen nennt sich **Grafenau,**
die älteste Stadt im inneren Bayerischen Wald, gegründet im Jahre
1376 von Kaiser Karl IV., die »Säu-
merstadt«, wegen des romantischen
Stadtplatzes auch »Spitzwegstädt-
chen«, obwohl der Maler Spitzweg
sie nie besucht hat. 200 m von diesem Platz entfernt beginnt unsere
Wanderung.

Vom Parkplatz an der Post, einem
futuristischen Glas-Stahl-Gebäude,

lohnt sich ein kleiner Umweg in östliche Richtung zum künstlich angeleg-
ten **Kurparksee.** Auf einem Holzsteg
wird die Kleine Ohe überquert.
Anschließend ist dem Parkweg rechts
zu folgen, der zum **Bauernmöbelmuseum** führt. Hier ist ein reicher Fundus
von bäuerlichen Möbeln der Waldler
aus zwei Jahrhunderten in zwei Holz-
häusern, die auch bäuerliches Inven-
tar und Wohnungsschmuck sowie
Hinterglasbilder präsentieren, unter-
gebracht. Als weitere Museen bietet
die Stadt in ihrem ehemaligen Armen-

Blick auf Grafenau

spital gegenüber dem Postgebäude das erste **Schnupftabakmuseum** der Welt und das **Stadtmuseum** – ein Besuch ist, wie auch im Bauernmöbelmuseum, jedoch nur nachmittags möglich (Nov./Dez. geschlossen).

Vom Bauernmöbelmuseum erreichen wir nach ca. 50 m die Spitalstraße, der wir nach links stadtauswärts folgen. Unmittelbar hinter der Unterführung der Südumgehung biegen wir nach rechts ab. Rechts davon, neben einem großen Supermarkt, findet sich der Einstieg zum Grafenauer Wanderweg Nr. 1 (rotweiße Markierung), ein ADAC-Rundwanderweg. Der Feld- und Waldweg steigt hier nur leicht an und führt nach Westen bis zum Waldrand des Frau-

enberges. Auf der rechten Seite der Südumgehung können wir den historischen Grafenauer Salzstadel bewundern, der mit Schindeln gedeckt ist und einst als Salzlagerstätte des von Säumern herbeigeschleppten Weißen Goldes diente. Linkerhand, im Ortsteil **Frauenberg** säumt eine Viehweide den Weg. Von den zwei dann in den Wald hinein führenden Wegen nehmen wir den linken, der zu einem Wegkreuz führt. Hier folgen wir den **Kreuzwegstationen,** die von den Gläubigen der Stadt den Sommer über jeweils zum Mittwochsabendgebet aufgesucht werden. Anfangs begleiten diese Andachts-Bildstöcke den Hohlweg, der bald in einen ausgebauten Forstweg übergeht. Die 1er-

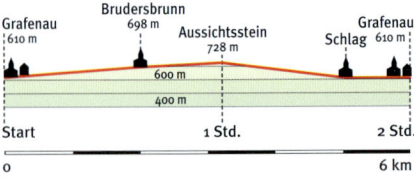

Markierung führt direkt zur **Bruders-brunn-Kapelle**.

Die Brudersbrunn-Wallfahrt geht auf ein Versprechen des Bauern Ambros Roth aus dem nahegelegenen Schlag zurück, der im Fieberwahn den Tod in den kühlen Fluten der Kleinen Ohe suchte. Nach seiner wunderbaren Errettung gelobte er im Jahre 1704, ein Bild zu Ehren der Heiligsten Dreifaltigkeit zu stiften, was mit einem Kapellenbau, später dann mit der Errichtung eines kleinen Kirchleins verbunden war. Neben der Kapelle sprudelt eine kleine Quelle, die als heilbringend bei mancherlei Gebrechen angesehen wird. Hier sollen sich, so erzählt die Sage, in heidnischen Zeiten drei Grafensöhne bei ihrer Rückkehr aus dem Krieg wiedergetroffen und sich glücklich über das unverhoffte Wiedersehen in die Arme geschlossen haben.

Nach einer kurzen Rast an diesem schattigen Kapellenplatz trifft man nach rund 500 m auf Weg Nr. 2, der in wenigen Minuten zum **Aussichtsstein** führt (1 Std.). Von hier bietet sich ein herrlicher Ausblick zum Vorwald und auf die Region des Brotjacklriegels. Entweder folgt man von hier dem von Süden kommenden Weg Nr. 1 hinunter nach Schlag oder geht auf Weg Nr. 2 zurück zur Brudersbrunn-Kapelle und dort nach rechts zur Brudersbrunnstraße im Ortsteil **Schlag**. Hier bietet sich eine der schönsten Aussichten auf den Luftkurort Grafenau und die Gipfel der Bayerwaldberge Rachel und Lusen.

In Schlag führen alle Wege talwärts Richtung Grafenau. Über die Kellerbergstraße und die Spitalstraße gelangen wir zurück zum Ausgangspunkt in **Grafenau**, dem **Parkplatz** an der Post (2 Std.).

Jeden Sommer erinnert in Grafenau ein Fest an die Zeiten der Salzsäumer

Er wackelt, aber fällt nicht um

Durch das Tal der Mitternacher Ohe zum Wackelstein

Wegen seines südländischen Flairs nennt sich Schönberg gern das »Meran des Bayerischen Waldes«. Von dort führt eine Tour durch das Tal der Mitternacher Ohe zu einem rätselhaften Wackelstein, der zu einer Kraftprobe herausfordert.

DIE WANDERUNG IN KÜRZE

++
Anspruch

4.30 Std.
Gehzeit

17 km
Länge

Charakter: Einfache Wanderung auf gut gepflegten, größtenteils aufgesandeten Wegen und teils asphaltierten Nebenstraßen, auf denen Steigungen bequem zu bewältigen sind.

Wanderkarten: Topographische Karte 1:50 000, UK 50-30, Naturpark Bayerischer Wald, südlicher Teil; Fritsch-Wanderkarte Nr. 60, 1:50 000, »Mittlerer Bayerischer Wald«

Einkehrmöglichkeiten: Gaststätten am Marktplatz von Schönberg, in Kirchberg, Solla und Maukenreuth

Anfahrt: Busverbindung von Regen, Grafenau, Passau und Deggendorf nach Schönberg. Mit dem **Pkw** ist vom unteren wie oberen Bayerischen Wald die B 85 Passau – Cham anzusteuern. Vom Nationalpark Bayerischer Wald und Freyung sowie Waldkirchen gelangt man über Grafenau und die B 533 zur B 85 und dann weiter nach Schönberg. **Parkmöglichkeiten** gibt es 100 m vom Marktplatz entfernt in der Parkgarage an der Jahnstraße.

Hinweis: Einen gehaltvollen Abschluss bietet eine Bärwurz-Kostprobe in der Schlosskellerei Rammelsberg am Ende der Tour.

Sitzt man an einem schönen Sommer- oder Herbsttag in einem der malerischen Wirtsgärten am Markt-platz von **Schönberg,** der von pastellfarbenen Bürgerhäusern im Inn-Salzach-Stil umkränzt wird, so

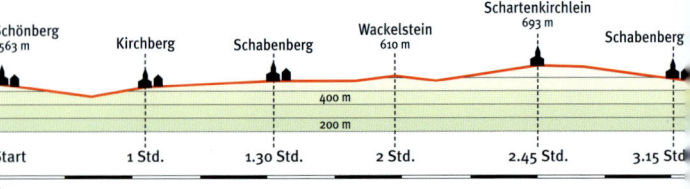

Schönberg 563 m	Kirchberg	Schabenberg	Wackelstein 610 m	Schartenkirchlein 693 m	Schabenberg

400 m

200 m

Start · 1 Std. · 1.30 Std. · 2 Std. · 2.45 Std. · 3.15 Std

0

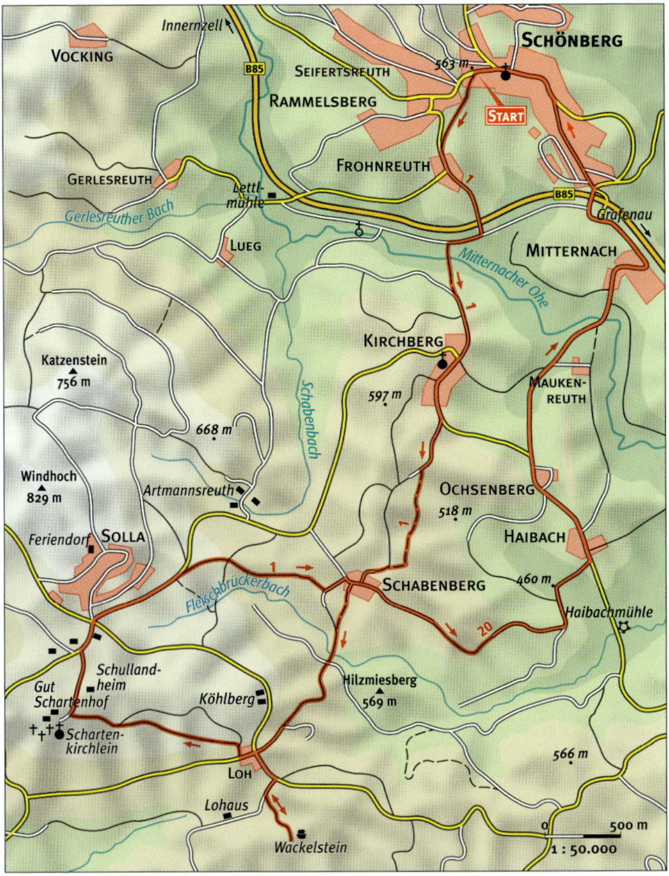

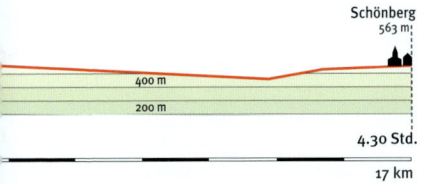

mag es vielleicht schwer fallen, zu einer Wanderung aufzubrechen. Doch diese Entscheidung wird sich sicher lohnen, denn die sich bietenden Ziele sind nicht weniger reizvoll.

Wir beginnen unsere Wanderung also am **Marktplatz,** gehen rechts an der Pfarrkirche vorbei und biegen wenige Meter dahinter nach links in die Deggendorfer Straße ein. Am Alten Friedhof vorbei marschieren wir auf der Deggendorfer Straße bis zum Straßenschild und halten uns links Richtung Fronreuth, einem Bauerndorf. Wichtig ist es, bereits jetzt auf die uns auch später begleitende Markierung 1 (weiße Ziffer auf rotem Grund) zu achten. Wir durchqueren **Fronreuth** geradeaus und gelangen in das Tal der **Mitternacher Ohe,** eines kleinen Bachs, der später in die Große Ohe, einen Quellfluss der Ilz, mündet. Die Mitternacher Ohe ist eines der wenigen Fließgewässer in Europa, in dem sich der Huchen noch natürlich vermehrt. Dieser größte Bayerwald-Fisch erreicht hier oft ein Gewicht von über 15 kg und eine Länge von 1.5 m.

Wir überqueren auf einer Überführung die Bundesstraße 85 und erreichen das Ohe-Brücklein. Immer der Markierung 1 folgend, geht es zügig bergan nach **Kirchberg** (1 Std.), das bereits von weitem durch sein exponiert liegendes Kirchlein auffällt. Diesem sollte man auf alle Fälle einen Besuch abstatten. Falls es verschlossen ist, kann man beim Nachbarn nach dem Schlüssel fragen oder ihn bitten, die Kirche aufzusperren. Das schmucke Bergkirchlein ist dem hl. Johannes dem Täufer geweiht. Das spätgotische Gotteshaus zeigt interessante Heiligenschnitzereien aus der Mitte des 15. Jh., eine sog. Johannes-Schüssel mit dem abgeschlagenen Haupt des Täufers (um 1480) und am Chor eine Darstellung des Jüngsten Gerichts.

Vom Kirchlein gehen wir wieder zur Ortsdurchfahrt zurück, durchqueren Kirchberg in südlicher Richtung und wandern durch eine landwirtschaftlich geprägte Flur bis zum Bauerndorf **Schabenberg**. Durch den Wald am Fuße des Hilzmiesber-

ges (569 m), einer bewaldeten Höhe, erreichen wir die verstreut liegenden Häuser des Weilers Loh.

Die Streusiedlung **Loh** ist aus zweierlei Gründen bekannt: Zum einen finden hier im Sommer im sogenannten »Hexenkessel von Loh«, einer Talmulde im Osten, spannende Stock-Car-Rennen statt, zum andern ist der Ort Ziel eines der größten Motorrad-Treffen in ganz Europa – und das im Winter bei Temperaturen von bis zu –15 °C. Jedes Jahr werden hier Ende Januar bzw. Anfang Februar über 5000 Motorradfahrer aus vielen europäischen Ländern für ein Wochenende erwartet.

Wir müssen jedoch nicht zum »Hexenkessel«, sondern folgen der asphaltierten Straße ca. 250 m Richtung Gumpenreut, um zu einer geologisch interessanten Felsgruppierung zu kommen: dem **Wackelstein** (2 Std.). Ein Hinweisschild weist nach rechts zu einem Waldweg, den es bergab und dann wieder ein Stück leicht bergan zu gehen gilt.

Das Gewicht des auf einem Felssockel ruhenden Granitkolosses im Loher Wald wird auf ca. 50 t geschätzt. Rund um diese Granitinsel breitet sich Gneis als Hauptgestein aus. Allein kann man den Wackelstein zwar nicht in Bewegung setzen, doch wenn sich ein halbes Dutzend Leute gegen die richtige Stelle dieses Felsblockes stemmt, macht er seinem Namen alle Ehre. Der Wackelstein ist als Ergebnis der Jahrmillionen dauernden Verwitterung des Granitgesteins entstanden. Geologen nennen solche Gebilde auch »Steinpilze«. Die Beweglichkeit dieses gigantischen Blocks wird durch seine instabile Lage auf einem Gesteinssporn erklärt.

Für den Rückweg müssen wir wieder zurück nach **Loh** gehen. In der

Der Wackelstein trotzt allen Bemühungen, ihn aus dem Gleichgewicht zu bringen

Ortsmitte biegen wir nach links (Westen), der 1er-Markierung folgend, Richtung Solla ab. Nachdem wir einen lichten Mischwald durchwandert haben, erreichen wir das einsam gelegene Gut Schartenhof und das **Schartenkirchlein** (2.45 Std.). Es steht mitten im Dorffriedhof von Solla, der sich etwa 1,5 km südwestlich des Ortes befindet. Hier stand einmal die Burg der Edlen von Scharten, von der jedoch nicht mehr übriggeblieben ist als die ehemalige Burgkapelle. Sie stellt eine mittelalterliche Anlage in der Art der romanischen Landkirchen dar. Dies weist auf ein hohes Alter der Kapelle hin. Im Innern findet sich an der Nordwand eine Wandmalerei, welche den

Kampf des hl. Michael mit dem Drachen darstellt, zu seinen Seiten knien ein Ritter und seine Gemahlin. Neben dem Ritter sieht man das Wappen der Grafen von Formbach, die im 10. und 12. Jh. dieses Gebiet für die Besiedlung erschlossen haben. Das Schartenkirchlein ist dem Erzengel Michael geweiht.

Wir verlassen das einsam gelegene Kleinod in Richtung Norden und wandern links an einem Schullandheim vorbei Richtung **Solla** (3 Std.). Am Ortsrand folgen wir der 1er-Markierung weiter nach rechts, in östlicher Richtung. In **Schabenberg**, gehen wir nicht wieder zurück Richtung Kirchberg, sondern halten uns an der Weggabelung (Markierung) rechts, wandern auf den im Tal liegenden Ort **Haibach** zu und weiter nach Ochsenberg und Maukenreuth. Wir überqueren die Mitternacher Ohe und in **Mitternach** auf einer Brücke die Bundesstraße 85. An der folgenden Kreuzung gehen wir nach links bis zur Alten Passauer Straße, die direkt zurück zum Ortszentrum von **Schönberg** führt (4.30 Std.).

Bärwurz – der typische Waldler-Klare

Wer gern einen ›Klaren‹ zur Verdauung, zur besseren Durchblutung oder auch zur Hebung der Stimmung trinkt, der weiß, dass beinahe jede Region ihren eigenen Schnaps brennt. Im Bayerischen Wald ist es der Bärwurz. Gleich mehrere Brennereien sind zwischen Donau und Bayerischem Wald ansässig. Dort kann man bei Besichtigungen und Proben erfahren, dass die Bärwurz-Destillation und -Brennerei eine recht langwierige Angelegenheit ist. Unter fünf Jahren verlässt kein Trop-

fen des bevorzugt in Steingutflaschen abgefüllten Waldler-Klaren das Haus.

Der alkoholische Auszug der vorwiegend in Höhenlagen von über 1000 m wachsenden Pflanze hilft gegen Verstopfung, Kolik, Blähungen, Aufstoßen, bei Leber-, Nieren- und Blasenkrankheiten, Vergiftungen und Verschleimungen der Lunge – medizinische Dosierung vorausgesetzt! Der Geschmack des Bärwurz ist unverkennbar. Wer das magenstärkende Elixier zum erstenmal trinkt, denkt unwillkürlich an Sellerie, Liebstöckl oder Maggi. Andere wiederum vergleichen das Aroma mit dem von Nüssen oder Moos im Wald. Auf alle Fälle ist der Bärwurz außerordentlich würzig, vielleicht zu würzig, so dass der erste Schluck oft ganz und gar nicht munden will. Die Mode, Schnäpse eisgekühlt zu trinken, wird leider auch beim Bärwurz praktiziert. Generell gilt jedoch: Je besser eine Spirituose ist, desto so wärmer kann sie getrunken werden. Also genießt man sein Stamperl am besten bei Zimmertemperatur.

Rund um den Brotjacklriegel

Von Langfurth in den Sonnenwald

Der Name des »Sonnenwaldes« verspricht sicher nicht zuviel, denn er präsentiert sich als lichtdurchfluteter Mischwald. Vom Brotjacklriegel hat man eine gute Fernsicht bis zu den bayerisch-böhmischen Grenzbergen und weit hinaus in die Donauebene bis zu den Alpen.

DIE WANDERUNG IN KÜRZE

Anspruch

Charakter: Einfach, zu Beginn etwa 200 Höhenmeter Anstieg auf gut ausgebauten Wegen

3.30 Std.
Gehzeit

Markierung: Grünes Dreieck und weiße Ziffer auf rotem Kreis

Ausrüstung: Fernglas

450 m
Anstiege

Wanderkarte: Topographische Karte 1:50 000, UK 50-30, Naturpark Bayerischer Wald, südlicher Teil.; Fritsch Wanderkarte Nr. 60, 1:50 000, Mittlerer Bayerischer Wald«

Einkehrmöglichkeiten: Gaststätten in Langfurth, Kerschbaum, im Feriendorf Sonnenwald sowie in der Turmstube des Aussichtsturms auf dem Brotjacklriegel

Anfahrt: Nur wenige direkte **Busverbindungen** von Deggendorf und Grafenau nach Langfurth, daher besser den eigenen **Pkw** benutzen: Über die B 533 von Grafenau Richtung Hengersberg, in Freundorf nach Langfurth abbiegen. Aus Deggendorf über Hengersberg und Auerbach nach Freundorf und dort rechts nach Langfurth abbiegen.

Schon bei der Anfahrt zeigt sich die Gegend um den Brotjacklriegel von ihrer aussichtsreichsten Seite: Hinter dem Weiler Haus öffnet sich zur rechten Straßenseite auf einem kleinen Parkplatz der Blick in die ›Obstschüssel‹ des Bayerischen Waldes, den Lallinger Winkel, der besonders im Frühjahr zur Baumblüte überaus reizvoll ist (s. Tour 19).

Das Bergdorf **Langfurth** ist zu durchfahren, wobei das Bergkirchlein mit dem umgebenden Friedhof zur linken Seite grüßt. Am Ortsausgang von Langfurth befindet sich rechts ein Großparkplatz. Hier lassen wir den Wagen stehen und beginnen gegenüber der Straße, die nach Kerschbaum und Ölberg führt, den Gipfelaufstieg zum Brotjacklriegel, wobei wir der Markierung (grünes Dreieck und Nr. 18 auf rotem Kreis) folgen. Nach ca. 800 m hat man auf einer Waldwiese, auf der zwei Häuser stehen, einen reizvollen Blick nach Kerschbaum und zum Büchelstein. Drei einzeln stehende Häuser werden passiert. Als weiteres Orientierungszeichen kann ein Transformatorenhäuschen dienen, das wir links liegen lassen.

Der Wanderweg mit den Markierungszeichen 15, F 4 und E 6 (Europäischer Fernwanderweg Nordsee-Rhein-Main-Donau-Karpaten) führt direkt zum **Gipfel des Brotjacklriegel** (1 Std.) mit Fernseh- und Aussichtsturm. Der Fernsehturm misst 114 m, der hölzerne Aussichtsturm nur 24 m, ist aber dafür von Ostern bis zum 1. November täglich ab 10 Uhr bewirtschaftet. Das kleine Turmstüberl ist einfach und urgemütlich, und die Wirtin weiß viel aus den frühen Tagen des Bayerwald-Tourismus zu erzählen. Von der Plattform des Aussichtsturms erscheinen die in weiten Tälern verstreut liegenden Dörfer wie in einem Sandkastenspiel; Dutzende von Kirchtürmen in den Dörfern und Marktflecken vom Vorwald bis zum bayerisch-böhmischen Grenzgebirge können gezählt werden. Am Aufstiegsweg hat ein geschickter Forstbeamter in seiner Freizeit aus alten Wurzelstöcken zwei Fabelwesen gezaubert, die vor allem Kinder zu begeistern vermögen.

Der Abstieg auf dem Wanderweg (Markierungen 15, F 4 und F 5) beginnt rechts des umzäunten Fernsehturms. Nach etwa 5 Min. mündet dieser Weg in einen Ziehweg ein, den wir talabwärts nach links beschreiten und dann eine Sandstraße überqueren. Die Markierungen sind hier etwas verwirrend. Richtig sind wir, wenn wir die spärlichen Markierungszeichen mit den Ziffern 6 und

28 finden, um zur Ortschaft **Ölberg** zu kommen, die wir aber links liegen lassen, um gleich jenseits der Staatsstraße einem geteerten Zubringerweg zu den im Tal liegenden Einöden zu folgen. Der zuerst gut befahrbare Weg geht jetzt in einen Wanderweg (Nr. 48) über, der schließlich die Ortschaft **Liebmannsberg** erreicht. Hier treffen wir auf eine Markierung (15 und 45), zudem ist der Weg nach Kerschbaum ausgeschildert.

Wenn man Glück hat, steht auf der Tageskarte des Gasthofs in **Kerschbaum** (2.Std.) ein echtes »Pichlsteiner«. Nach einer solchen Stärkung sollte man es sich nicht nehmen lassen, einen Abstecher hinauf zur Felskanzel des 827 m hohen **Büchelsteins** (3 Std.) zu unternehmen, der an Wochenenden ein begehrter Startpunkt von Drachenfliegern ist.

Den Weg weisen die Markierungen 15, 4 und die Holzschilder mit dem Hinweis »Brotjacklriegel-Rundwanderweg«. Vom Büchelstein führt ein Wanderweg (Markierung grünes Dreieck auf rotem Kreis und »15«) über Steinberg und unterhalb des Ferienhotels Sonnenwald vorbei zurück nach **Langfurth** (3.30 Std.).

Die Sage vom Brotjacklriegel

Amtlich steht der Brotjacklriegel als »Breiter Jäger-Riegel« im Flurnamenverzeichnis. Man könnte nun vermu-

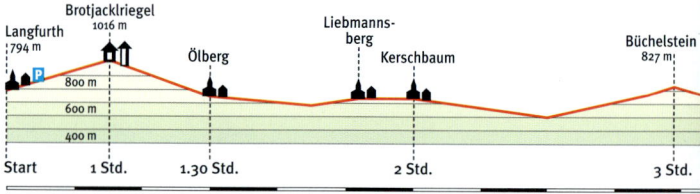

ten, dass »Brotjacklriegel« eine et-was schludrige, umgangssprachli-che Version des offiziellen Namens ist. Doch die Sage weiß eine andere Geschichte: Da soll dort droben, etli-che Jahrhunderte ist es nun schon her, ein uraltes Männchen namens Jackl gehaust haben, das mit Brot handelte, Kräuter sammelte und für die Leut', wenn sie krank waren, ein Safterl mixt hat. Aber nur bis zum Schwedenkrieg, denn da war es da-mit aus über Nacht. Die Kriegerhor-den haben den Eremiten aufgespürt, und da er sein Brot nicht heraus-rückte, haben sie ihn in seiner Höh-le eingemauert. Doch als sie unter Gelächter abziehen wollten, hat der Jackl einen Zauberspruch losgelas-sen und als Steine sind sie dagele-gen, die Schweden, grad wie sie heute noch daliegen, die Steine, auf denen der hölzerne Aussichtsturm steht.

Das Pichelsteiner

Der Gipfel des Büchelsteins ist die Geburtsstätte des »Pichelsteiner«. Dieses beliebte Eintopfgericht wur-de erstmals am Tag des hl. Benno, dem 17. Juni 1847, von der Gratters-dorfer Wirtin Auguste Winkler ge-kocht und dann auf den Berg ge-schafft wurde. Sie kredenzte es dem Grafenauer Landrichter, der sich zu Besuch angesagt hatte, gerade als die Vorräte ausgegangen waren, so dass sie aus den Resten etwas zau-bern musste. Es besteht aus gewür-feltem Fleisch von Schwein, Kalb und Ochse, Kartoffeln, Petersilie, Gelben Rüben (Möhren), Zwiebeln, Pfeffer und Salz. Alles wird in fri-schem Rindertalg leicht angebraten und dann 2 Std. langsam gedünstet. Berichten zufolge hat dieses Gericht sogar dem Reichskanzler Bismarck gemundet, der nach einer längeren Krankheit im Jahre 1883 seine rasche Genesung nicht zuletzt dem Pichel-steiner zugeschrieben haben soll. Deshalb hat der herzhafte Eintopf, dem zu Ehren die Waldlerstadt Re-gen alljährlich sogar ein sechstägi-ges »Pichelsteiner-Fest« ausrichtet, auch den Beinamen »Bismarck-Ragout«.

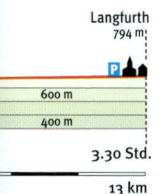

»Obstschüssel« Lallinger Winkel

Rund um den Lallinger Winkel

Wegen seines milden Klimas gilt der Lallinger Winkel mit seinem großen Obstbaumbestand als die »Obstschüssel« des Bayerischen Waldes. Im Frühjahr blühen hier an die 30 000 Schneeglöckchen und die Baumblüte Anfang Mai taucht die Landschaft in ein Blütenmeer.

DIE WANDERUNG IN KÜRZE

++
Anspruch

5 Std.
Gehzeit

13 km
Länge

Charakter: Anspruchsvolle Rundwanderung mit schönen Rastplätzen. Aufgrund der Südlage sind Wanderungen schon ab April möglich.

Wanderkarten: Topographische Karte 1:50 000, UK 5029, Naturpark Bayerischer Wald, östl. Teil/Nationalpark Bayerischer Wald; Fritsch Wanderkarte Nr. 60, 1:50 000, Mittlerer Bayerischer Wald

Einkehrmöglichkeiten: Unterwegs keine, mehrere Gasthöfe in Lalling

Anfahrt: Mit dem **Pkw** ist Lalling sowohl über die A 92 und A 3 und im Anschluss daran über die B 11 als auch über die B 533 anzusteuern. Von Deggendorf aus erreicht man den Lallinger Winkel über Schaufling, von Regen aus über Zell, aus Grafenau über Schönberg und Rohrstetten. Von Deggendorf verkehren über Schaufling, Hengersberg, Schöfweg und Schönberg bis Lalling Linienbusse, die aber teils nur bis zur Haltestelle Rohrstetten fahren, von dort aus sind es nach Lalling 10 Gehminuten.

Bevor wir in **Lalling** zu unserer Hochwaldweg-Wanderung aufbrechen, sollten wir die denkmalgeschützten Pfarrkirche St. Stephanus besichtigen, deren Ursprünge auf das Jahr 1100 zurückgehen (Erweiterung im Jahre 1722). Die Rokokoausstattung stammt aus den Jahren 1752–1754. Besonders kostbar sind die »Türkenmadonna« (um 1400) und der spätmittelalterliche Taufstein.

Ein besonderer Anziehungspunkt ist Lalling bereits ausgangs des Winters (Ende März), wenn südlich der

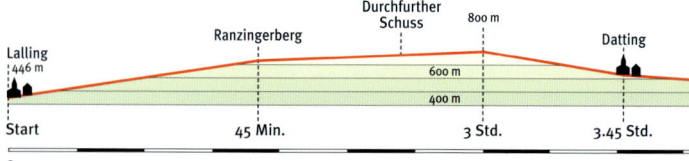

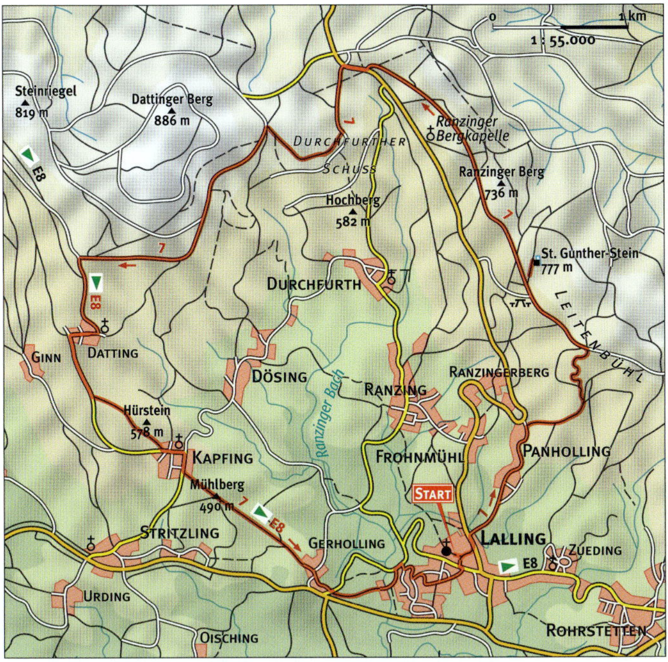

Ortschaft auf einer Wiese an die 30 000 Schneeglöckchen erblühen, und zur Obstbaumblüte Ende April bis Anfang Mai. Der Obstanbau geht – einmalig für den mittleren Bayerischen Wald – auf das späte 16. Jh. zurück. Aus Äpfeln und Birnen wird alljährlich im Herbst ein köstlicher Apfel- und Birnenmost gekeltert, der – neben bäuerlichen Spezialitäten wie Rauchfleisch – zur Verkostung angeboten wird. Die alljährliche Wahl der »Most-Königin« unterstreicht die Bedeutung der Mostherstellung.

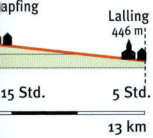

Wir brechen zu unserer Wanderung im Ortszentrum auf und wenden uns nach Nordosten, Richtung Ranzingerbergstraße, der wir 250 m weit folgen, um dann nach rechts zum Dorf **Panholling** und weiter zur **Ranzingerbergkurve** zu marschieren, wobei wir der örtlichen 7er-Markierung folgen. Als zusätzliche Markierung finden sich an einigen Bäumen weiße Farbmarkierungen. Wir befinden uns hier auf dem **Sankt-Gunther-Wanderweg,** der vom Kloster Niederaltteich 40 km weit bis zu dem während der Säkularisation im Jahre 1803 aufgelassenen Kloster Rinchnach und von hier weiter in den Böhmerwald (Tschechien) führt. Der Einsiedler Gunther wurde im Jahre 955 in Thüringen geboren und starb im Alter von 90 Jahren in Gutwasser im Böhmerwald (heute Tschechien). Er und seine Ordensleute förderten um das Jahr 1010 die Rodungstätigkeit, Besiedlung und Christianisierung des mittleren Bayerischen Waldes.

In der Ranzingerbergkurve (Hauptverkehrsstraße zur linken Seite) wenden wir uns nach rechts und wandern durch den Panhollinger Wald über Leithenbühl zu einem Rastplatz, wo man sich an einem Brunntrog mit Quellwasser erfrischen kann (kein geprüftes Trinkwasser – Naturquelle!). Von hier aus ist ein kurzer Abstecher zum **Gunther-Stein** möglich.

Wir setzen jedoch unsere Wanderung an der Südostseite des Ranzinger Bergs fort (45 Min.) und können auf dieser Strecke den schönen Blick in den Lallinger Winkel genießen. Nach einer Rechtsabzweigung, etwa 150 m auf der Kreisstraße nach Zell marschierend, kommen wir an der Ruselkreuzstraße im **Leopoldshochwald** zu einem weiteren Rastplatz mit schöner Ausssicht. Noch vor der Kreuzung zweigt unser Hochwald-Wanderweg nach Süden ab. Auf einem Forstweg gelangen wir schließlich zur Waldabteilung **Durchfurther Schuss** (2.30 Std.; ebenfalls schöner

Im Lallinger Winkel

Rundblick) und wenden uns (weiter Markierung 7) östlich des Dattinger Bergs der Ortschaft Datting zu. An der folgenden Weggabelung gehen wir nach links und sind dann bald in **Datting** (3.45 Std.).

Das denkmalgeschützte Dorfensemble glänzt mit den wohl am besten erhaltenden Bauernhäusern des Bayerischen Waldes. Ein schönes Fotomotiv ist das zweigeschossige Pledl-Haus in Blockbauweise mit Balusterschrot (Schrot = Balkon) und gewundenen Holzsäulen, welche die Balustrade mit dem Dachgiebel verbinden. Der Hof, der an der Straße zur Rusel steht, stammt in seiner heutigen Form aus der Mitte des 18. Jh. und war einst ein Wirtshaus. Weiter der 7er-Markierung folgend, wandern wir vom südwestlichen Ortsausgang aus auf der Gemeindestraße bis **Kapfing** und auf einem romantischen Wald- und Flurweg über **Gerholling** zu unserem Ausgangspunkt **Lalling** zurück (5 Std.).

Abkürzungsmöglichkeit: Wer sich 5 km Weg sparen will, der kann auf einem Waldweg vom Ranzingerberg über Durchfurth und Ranzing gleich nach Lalling zurückmarschieren. Diese Abkürzung ist ebenfalls mit einer 7er-Markierung gekennzeichnet.

Am Wege

Von Kapfing aus erreicht man in 10 Minuten »Streichers Fahrzeug- und Kunstmuseum« in Stritzling (Anmeldung erforderlich, Tel. 09904/ 8 30 10). Auf rund 1500 m² sind Dutzende von Oldtimern, Sportwagen und exotischen Fahrzeugen zu besichtigen, dazu tausende von Modellautos und außerdem Glasobjekte des Künstlers Kristian Klepsch.

Wasser und Glas

Zur Frauenauer Trinkwasser-Talsperre

Die gemütliche Rundwanderung führt von Frauenau, dem »Gläsernen Herzen« des Bayerwaldes, durch urwüchsigen Mischwald zum größten Trinkwasserreservoir der Region am Rachel. Ein bequemer Weg umrundet den See mit einem der höchsten Staudämme Deutschlands.

DIE WANDERUNG IN KÜRZE

+ Anspruch

Charakter: Einfache Wanderung auf gut ausgebauten Wegen

Markierung: Ziffer 10

3.45 Std. Gehzeit

Wanderkarten: Topographische Karte 1:50 000, UK 5029, Naturpark Bayerischer Wald, östl. Teil/ Nationalpark Bayerischer Wald; Fritsch Wanderkarte Nr. 120, 1:50 000, Zwieseler Winkel

13 km Länge

Einkehrmöglichkeiten: Gaststätten in Frauenau, Gutsgasthof in Oberfrauenau

Anfahrt: Frauenau ist mehrmals täglich mit **Bussen** und werktags auch mit der **Waldbahn** über die Nebenstrecke Zwiesel-Grafenau zu erreichen. Die Anfahrt mit dem **Pkw** ist auf der Staatsstraße von Zwiesel nach Grafenau am kürzesten. Parkplätze gibt es am Rachelparkplatz und am Rathaus. Wer sich die 3,5 km Fußweg vom Ortszentrum zum Informationspavillon sparen möchte, kann auch direkt dort parken.

Ausgangspunkt für diese Wanderung ist das »Gläserne Herz« des Bayerischen Waldes, der Erholungsort **Frauenau,** wo gleich mehrere Sehenswürdigkeiten zur Besichtigung einladen. Vom aufgepflasterten Ortszentrum ist der Hauptstraße nach Norden, Hauptrichtung Zwiesel, über den Ortsteil **Dörfl** und **Dörflmühle** zur Talsperrenstraße zu folgen, bis man am Ende der für den öffentlichen Verkehr freigegebenen Stichstraße den **Informationspavillon** (mit Parkmöglichkeit) erreicht. Hier wird der Besucher darüber informiert, dass selbst im niederschlagsreichen Waldgebirge die Trinkwasserquellen der einzelnen Städte und Gemeinden die Wasserversorgung nicht alleine sicherstellen können. Grund dafür: Es fehlen poröse Speichergesteine; der Sockel des kristallinen Grundgebirges wirkt wegen der Wasserundurchlässigkeit wasserstauend.

Ab dem Infozentrum folgen wir dem Wanderweg 10 und damit dem Talsperrenablauf, der von Schwarzerlen und Adlerfarn begleitet wird. Auffallend am Wegrand ist eine Plastik, die einen Falken darstellt. Sie stammt von dem einst in Waldhäuser lebenden Bildhauer, Maler und

Die Frauenauer Trinkwasser-Talsperre

Graphiker Heinz Theuerjahr. An der **Dammkrone** angekommen (1.15 Std.), beginnen wir die Rundwanderung um die **Talsperre** nach links (Markierung 9) und passieren die Vorsperren am Einlauf des Hirschbachs und des Kleinen Regen.

Das 1976–1982 erbaute **Trinkwasserreservoir** am Nord- und Westhang des Rachels hat eine Fläche von fast einem Quadratkilometer und ein Fassungsvermögen von 21 Mio. m^3, es kann 1500 m^3 Wasser pro Sekunde für die rund 460 000

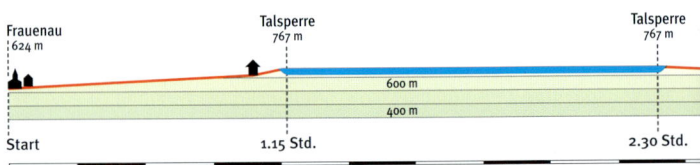

Frauenau
624 m

Talsperre
767 m

Talsperre
767 m

600 m

400 m

Start

1.15 Std.

2.30 Std.

davon abhängigen Menschen abgeben. 25 Mio m³ Erdreich und Fels waren zur Aufschüttung des 86 m hohen Staudamms mit einer Kronenlänge von 640 m notwendig. Inmitten des Sees ragen der Entnahmeturm und ein weiterer trichterförmiger Turm empor, der, sollte es einmal zu unvorhergesehenen Hochwassern kommen, das Überlaufen der Talsperre verhindert. Unter dem über 70 m tiefen See verbirgt sich ein umfangreiches Stollensystem zur Ableitung des Trinkwassers.

Wieder an der **Dammkrone** (2.30 Std.) angekommen, vorbei an einem Gedenkkreuz für drei beim Staudammbau verunglückte Arbeiter, nimmt man für den Rückweg nach Frauenau nicht wieder die asphaltierte Talsperrenstraße, sondern schlägt den Wanderweg Nr. 7 ein und wandert über **Oberfrauenau** zurück nach **Frauenau** (3 Std.)

Frauenau

Das **Glasmuseum** im Museumspark (Prädikat »Informativste Glasausstellung Europas«) demonstriert eindrucksvoll die Geschichte und die Erzeugnisse der modernen Glaskunst (täglich geöffnet außer in der Zeit vor Weihnachten, Schließungszeiten variieren). Mehrere Glashütten und -schleifereien bieten werktags Besichtigungen und günstige Einkaufsmöglichkeiten an. Der international anerkannte Glaskünstler Erwin Eisch hat hier sein Atelier.

Einen Besuch lohnt auch die in den Jahren 1759–1767 errichtete Rokoko-**Pfarrkirche Mariä Himmelfahrt,** deren Vorgängerbau auf das 14. Jh. zurückgeht.

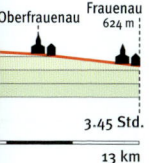

Oberfrauenau — Frauenau 624 m

3.45 Std.

13 km

Die Stille auf den Schachten

Von Buchenau zum Kohlschachten und zu den Großen Schachten
Der Aufstieg zu den Schachten ist zwar etwas eintönig, doch haben diese einsamen Landschaften einen ganz besonderen Reiz. Auf den einstigen Hochweiden lebten früher die Waldhirten mit ihren Rinderherden vom Frühsommer bis in den Spätherbst.

DIE WANDERUNG IN KÜRZE

+++
Anspruch

6 Std.
Gehzeit

21 km
Länge

Charakter: Anspruchsvolle, weil lange Tour mit einigen Steilstücken. Die Wege sind gut ausgebaut und markiert.

Wanderkarte: Topographische Karte 1:50 000, UK 5029, Naturpark Bayerischer Wald, östl. Teil/Nationalpark Bayerischer Wald; Fritsch Wanderkarte Nr. 120, 1:35 000, Zwieseler Winkel

Einkehrmöglichkeiten: Gaststätten in Buchenau und Frauenau, im Schachtenbereich keine.

Anfahrt: Ab Zwiesel gibt es zwar einen **Busverkehr** nach Buchenau, dennoch ist die Anfahrt mit dem **Pkw** zu empfehlen, weil die Busse zu für Wanderer ungünstigen Zeiten fahren. Über Zwiesel Richtung Frauenau, kurz vor dem Ort, direkt am Weiler Dampfsäge, links nach Buchenau abzweigen. **Parkplatz** direkt am Ausgangspunkt der Wanderung, gegenüber der Post.

Das einsam gelegene Walddorf **Buchenau** ist durch die einst dort lebende Kochbuchautorin Erna Horn berühmt geworden. Ihr Nachlass, eine der bedeutendsten Kochbuchsammlungen Deutschlands, wird im Glasmuseum von Georg Höltl in Passau (Hotel Wilder Mann) aufbewahrt.

Ausgangspunkt unserer Wanderung ist der Wanderparkplatz in der Ortsmitte von Buchenau. Wir folgen vom Sommerbad aus dem Wanderweg mit der Markierung »Pestwurz« und erreichen nach ca. 10 Min. eine kleine Waldwiese und damit das Ende der Ortsflur von Buchenau. Ein

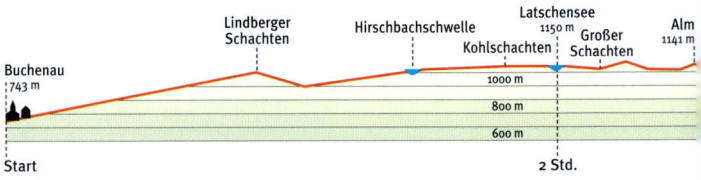

letzter schöner Blick auf die Höhen und Kuppen des Waldgebirges bietet sich von dort, ehe man bei der Informationstafel auf den mit einem Pestwurzblatt markierten Wanderweg trifft, der durch geschlossenen Wald zunächst zum größten Schachten, den **Lindberger-Schachten,** führt.

Weiter geht es über die ehemalige Viehweide bergab und später nach Nordosten Richtung Landesgrenze Bayern – Tschechien zur **Hirschbachschwelle.** Von dort steigen wir auf einem mit Wurzeln überzogenen Weg zum **Zwieseler Filz** und schließlich zum Kohlschachten auf, wo der neu angelegte Nationalpark-Erlebnisweg »Schachten und Filze« beginnt.

Der **Kohlschachten** ist der Höhepunkt des Schachten-Rundganges. Halbmeterhohes Habergras wiegt sich wie Zittergras im steten Wind. Selbst im Spätherbst lohnt es sich hierher zu kommen, um die Eigentümlichkeit der von Nebeln durchzogenen Hochebene zu erleben. Bereits im frühen 17. Jh. haben hier die Hirten der Gutsbesitzer von Ende April bis zum Michaelitag am 29. September Jungrinder und Ochsen geweidet. Zu Beginn der 60er Jahre zog der letzte Hirte mit seinen von Wind und Wetter gestählten Tieren zu Tale. Geblieben sind die alten knorrigen Ahornbäume, die von den Herbst- und Winterstürmen so stark zerzaust wurden, dass manche nur noch als Fragmente aus dem Boden

Am Latschensee

ragen. Einst boten diese mächtigen Bäume den Rindern Schutz vor der heißen Bergsonne sowie vor Regen und Unwettern.

Naturschonend führt über längere Strecken durch die empfindlichen Moorbereiche ein Holzbohlensteg über die Hintere Sulz, einen idyllisch gelegenen einsamen Moorsee, durch das Latschenfilz und zum dunklen Moorauge, dem **Latschensee** (2 Std.), der im Volksmund auch »Kohlweiher« genannt wird und sich inmitten des Hochmoors, der Schlut-

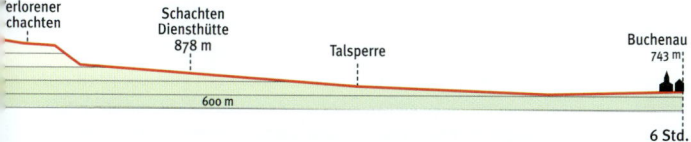

tergasse, befindet. Diese ›Mooraugen‹ im Waldmeer sind meist die Überbleibsel der ehemaligen Wasserflächen beim Verlandungsprozess (Vermoorungsprozess).

Nach kurzer Zeit erreichen wir den **Hochschachten** mit seinen mächtigen alten Bergahornbäumen. Von hier führt der Weg auf dem Fernwanderweg Ostsee–Wachau– Adria (Grünes Dreieck) annähernd parallel zum Hang bzw. auf dem Kamm des Grenzgebirges zur so genannten **Alm,** einem weiteren Schachten, und nach der Überquerung eines Quellbachs des Kleinen Regen zum **Verlorenen Schachten,** dem südlichsten Punkt der Wanderung.

Über den »Judenweg« geht es zunächst mäßig steil bergab auf einem breiten Waldweg (Markierung »Borstgras«) zur ehemaligen **Forstdiensthütte Schachten.** Nach nicht ganz 2 km blicken wir bereits auf die 767 m hoch gelegene **Trinkwassertalsperre Frauenau,** an der wir dann am Südufer bis zur Dammkrone entlangwandern (4 Std.).

Wir verlassen jetzt den Nationalpark, wandern auf dem Weg Nr. 11 über die Dammkrone nach Norden und erreichen über eine Forststraße in leichtem Anstieg wieder das Waldlerdorf **Buchenau** (6 Std.).

Die Schachten, die Almen der Waldler

Auch die Waldler kannten einst eine Art Almwirtschaft, wie sie im Alpenländischen auch heute noch betrieben wird. Doch auf die hochgelegenen Rodungsinseln wurden keine Kühe aufgetrieben, sondern wegen des unwirtlichen Wetters, das oft bereits im Spätsommer mit dem ersten Schnee überraschte, nur

Stiere, Ochsen und Jungrinder. Und die geben bekanntlich keine Milch, weshalb man zwar Hirten brauchte, um die Hochweiden zu bewachen, aber keine Senner und Sennerinnen.

Den Namen »Schachten« brachten Forstbeamte aus Oberbayern mit in den Bayerischen Wald, die folgendes berichteten: »In den Waldungen sind keine ordentlichen Almen, sondern nur gewisse geräumte Schachten und Plätze, worinnen das Vieh den Sommer über Tag und

Nacht verbleibt. Und sind der Orten Käsehütten nicht vorhanden.«

Vor mehr als hundert Jahren bestanden entlang des Grenzkammes noch zwölf Weideschachten in Höhen zwischen 1000 und 1200 m. Zwischen 3 und 25 ha groß waren diese Hochweiden an Arber, Rachel und Lusen, die auf das Jahr 1613 zurückgehen. Im Wolfsteiner Land (heute Landkreis Freyung-Grafenau) durfte die Bauern ihr Vieh im Staatsforst auch unterhalb dieser Höhengrenzen weiden.

Der Hirte selbst hauste überaus bescheiden in einer Baumrinden- oder Blockhütte. Mit 700 bis 900 Stück Vieh zogen diese urigen Typen im Mai auf die Schachten, wo sie dann bis September blieben. Im Jahre 1962 kehrte der letzte Waldhirte den Hochweiden den Rücken; der Weidebetrieb wurde eingestellt. Heute bevölkern die Hochmoorwanderer die unter Naturschutz stehenden Schachten, weil sie dort die Heilkraft der gesunde Waldluft mehr und mehr zu schätzen wissen.

Zwei Gipfel auf einen Streich

Zum Kleinen und Großen Falkenstein

Ein steiler Anstieg, der die Mühe mit zauberhafter Aussicht, kleinen
Wasserfällen und uralten Baumbeständen lohnt. Besonders idyllisch präsentieren sich die Rukowitzschachten im Herbst, im Sommer überraschen sie mit seltener Bergwiesenflora.

DIE WANDERUNG IN KÜRZE

++
Anspruch

Charakter: Der Aufstieg
beginnt gemächlich, wird
dann immer steiler, aber
nicht zur Kletterpartie. Alle
Wege sind gut begehbar.

4.30 Std.
Gehzeit

Markierung: Beim Auf-
stieg Wanderlinie und
»Eibe«, beim Abstieg grü-
nes Dreieck

300 m
Anstieg

Wanderkarten: Topographische Karte 1:50 000,
UK 5029, Naturpark Bayerischer Wald, östl. Teil/Natio-
nalpark Bayerischer Wald;
Fritsch Wanderkarte Nr. 120,
1:35 000, Zwieseler Winkel

Einkehrmöglichkeiten:
Falkenstein-Schutzhütte
am Großen Falkenstein mit

Unterkunftsmöglichkeit
(Anfang Mai bis Spät-
herbst, Tel. 09925/
90 33 66, Familie Reißner);
Gaststätten in Zwies-
lerwaldhaus

Anfahrt: Bahnverbindung
von Deggendorf und Grafe-
nau nach Zwiesel, von
Zwiesel und Bayerisch
Eisenstein mit dem **Fal-
kensteinbus** nach Zwies-
lerwaldhaus; mit dem **Pkw**
über Zwiesel Richtung
Bayerisch Eisenstein,
zuvor jedoch rechts nach
Bayerisch Häusl abzwei-
gen (ausgeschildert). Parkmöglichkeiten gibt es am
nordwestlichen Ortsrand.

Wir beginnen die Tour am nordwestlichen Ortsausgang von **Zwiesler
Waldhaus,** wo ein Informations-Pa-
villon über die Geschichte des Fal-
kensteingebiets, das Wanderwege-
netz und andere Angebote Auskunft

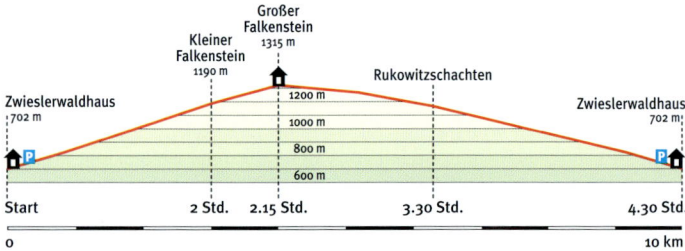

		Großer Falkenstein 1315 m			
	Kleiner Falkenstein 1190 m		Rukowitzschachten		
Zwieslerwaldhaus 702 m		1200 m			Zwieslerwaldhaus 702 m
		1000 m			
		800 m			
		600 m			
Start	2 Std.	2.15 Std.	3.30 Std.		4.30 Std.

0   10 km

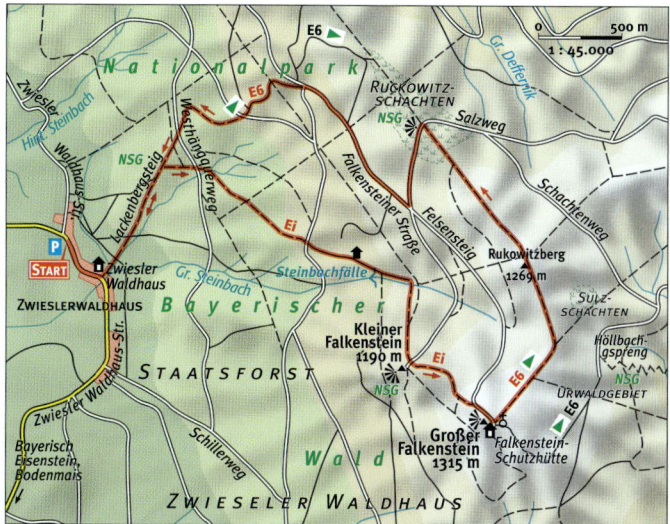

gibt. Von dort gehen wir ortsein-
wärts etwa 200 m zurück in Richtung
der alten, zwischenzeitlich renovierten Einkehr einstiger Fuhrleute und
Schmuggler, zur Gaststätte Zwiesler
Waldhaus, die schließlich dem
gesamten Dorf den Namen gab. Dabei
kommen wir an einem Gedenkstein für Bert Brecht vorbei, der sich
am 10. August 1918 hier aufhielt, als
er mit seinem Freund Fritz Gehwey-
er eine mehrtägige Wanderung im
Bayerischen Wald unternahm.
Unmittelbar an der Gaststätte zeigt
ein Wegweiser nach links zum Fal-
kenstein-Aufstieg. Am Wirtsgarten
vorbei geht es ein kurzes Stück den
Steinbach entlang durch das Ur-
waldgebiet Mittelsteigmitte, der
Markierung »Eibe« und dem grünen
Deieck folgend.

Hier fühlt man so recht den Atem
eines Urwalds mit Baumveteranen,
jahrhundertealten Buchen und vom
Sturm gefällten riesigen Tannen.
Nach 20 Min. tut sich eine Waldlichtung auf, nach 45 Min. wird eine

Forststraße überquert und eine
Unterstellhütte passiert. Bald darauf weist uns auf steil ansteigen-
dem, überaus felsigem Pfad ein
Wegweiser zu den **Steinbachfällen,**
deren Name mehr verspricht, als
das kleine Rinnsal hält. Nur
während der Schneeschmelze, die
sich von Ende April bis Anfang Juni
hinziehen kann, schwillt es zu einem
kleinen Bach an. Wir überqueren ihn
auf einem Steg. Schließlich kommen die riesigen grauen Felsblöcke
des **Kleinen Falkensteins** (2 Std.) in
Sicht. Die eindrucksvollste Aussicht
hat man, wenn man ein paar Meter
nach rechts auf den Gipfel klettert.

Der bereits bekannten Markierung folgend kann das letzte Stück
des Weges zum Großen Falkenstein
auf einem aufgesandeten Waldweg
zurückgelegt werden. Unterwegs
kann man an der im Jahre 1987
errichteten Franz-von-Assisi-Kapelle
und vor den dort aufgestellten
Totenbrettern Andacht halten. End-
lich Gipfelglück: Vom 1312 m hohen

Blick vom Großen Falkenstein über das Waldland

Gipfel des **Großen Falkensteins** (2.15 Std.) reicht der Blick weit hinüber zu Arber und Osser, zum Hohen Bogen und ins Regental.

Für den Rückweg wählen wir den Weg mit der Markierung grünes Dreieck und folgen ihm nach etwa 10 Min. nach links. Ein Totenbrett erinnert an den aus dem Bayerischen Wald stammenden Geologen und Botaniker Dr. h.c. Georg Priehäuser, ein anderes, wenige Meter weiter, wurde zum Gedenken an Michael Schreiner vom Girglhof aufgestellt.

Und damit sind wir auch schon bei den romantischen **Rukowitzschachten** angelangt (3.30 Std.), wo einst die Waldhirten den Sommer über ihr Vieh bei Wind und Wetter weiden ließen (s. a. S. 90). Von Norden grüßt an klaren Tagen der böhmische Spitzberg mit einem Wintersportgebiet herüber (Zelezna Ruda), der Hausberg von Böhmisch Eisenstein, dem Schwesterort von Bayerisch Eisenstein. Die reizvollsten Wandererlebnisse liegen nun hinter uns. Talwärts führt fortan eine monotone Teer- und Sandstraße über die Waldabteilung **Hochwiesriegel** zu unserem Einstiegspunkt **Zwiesler Waldhaus** zurück (4.30 Std.).

Baumriesen am Schwemmkanal

Zum Schwellhäusl bei Bayerisch Eisenstein

Eine romantische Wanderung zu Baumriesen von oft mehr als 50 m Höhe und entlang eines ehemaligen Schwemmkanals, über den früher solche Baumstämme zu Tal befördert wurden. Eine Kneippanlage und eine urige Einkehr erfrischen äußerlich wie innerlich.

DIE WANDERUNG IN KÜRZE

+

Anspruch

1.45 Std.

Gehzeit

7 km

Länge

Charakter: Einfache, kurze Wanderung

Markierung: Zunächst grünes Dreieck, auf dem Rundweg »Schwarzstorch«

Wanderkarten: Wanderkarten: Topographische Karte 1:50 000, UK 5029, Naturpark Bayerischer Wald, östl. Teil/Nationalpark Bayerischer Wald; Fritsch Wanderkarte Nr. 120, 1:35 000, Zwieseler Winkel

Einkehrmöglichkeiten: Gaststätten in Zwieslerwaldhaus, Ausflugsgaststätte Schwellhäusl

Anfahrt: Bahnverbindungen von Deggendorf und Grafenau nach Zwiesel; mit **RBO-Linienbussen** aus Grafenau und Regen nach Zwiesel und von dort mit dem **Falkenstein-Bus** weiter zum Zwieseler Waldhaus. Mit dem **Pkw** von Zwiesel Richtung Bayerisch Eisenstein, zuvor jedoch nach Zwiesler Waldhaus abbiegen (gut ausgeschildert). **Parkgelegenheit** am nördlichen Ortsausgang sowie 1 km außerhalb des Ortes, direkt am Wanderweg.

Vorbei am historischen Gasthaus **Zwieseler Waldhaus,** einem der ältesten Wirtshäuser im Bayerischen Wald, verlassen wir den gleichnamigen Ort in nördliche Richtung. Auf der linken Straßenseite passieren wir einen Gedenkstein, der an den Besuch von Bert Brecht (1898–1956) erinnert, der sich hier am 10. August 1918 aufhielt, und kurz darauf einen Parkplatz mit Informationstafel und Wegeskizze. Nach rund 1 km folgt ein weiterer Parkplatz. Ab hier ist dann die Straße für den Individualverkehr gesperrt. An dieser Stelle treffen wir auf die Große Deffernik,

einen – trotz des Namens – kleinen Bach. Er speiste früher den Triftkanal beim Schwellhäusl, auf dem während der Schneeschmelze mächtige Baumstämme zu Tal transportiert wurden. Im Frühjahr blüht hier der Besenginster besonders üppig.

Direkt an der Deffernik-Brücke lädt eine kleine Kneippanlage zum Wassertreten ein. Beachten Sie bitte: Nie mit kalten Füßen ins Wasser steigen, den Gang im ›Storchenschritt‹ absolvieren und die Füße anschließend intensiv bewegen und aufwärmen.

Wir überqueren das Flüsschen und folgen den Markierungen E 6

Das Schwellhäusl

und dem grünen Dreieck Richtung
Schwellhäusl. Nach 5 Min. emp-
fängt uns auf diesem Urlaubserleb-
nisweg mit Baumriesen von über 50
m Höhe der **Hans Watzlik-Hain** (30
Min.). Hier ist in Jahrhunderten ein
typischer Bergmischwald mit Fichten, Tannen und Buchen herange-
reift. Hans Watzlik (1879–1948)

zählt zu den bekanntesten Böhmer-
walddichtern. Er hat zahlreiche
Erzählungen, Romane und Gedichte
hinterlassen. Im Haus Watzlick-Hain
hat die Nationalpark-Verwaltung
nach der Erweiterung des Nationalparks einen Naturerlebnisweg mit
einigen Informationen ausgeschildert.

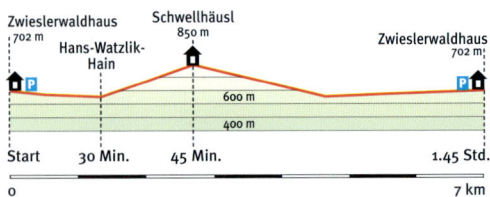

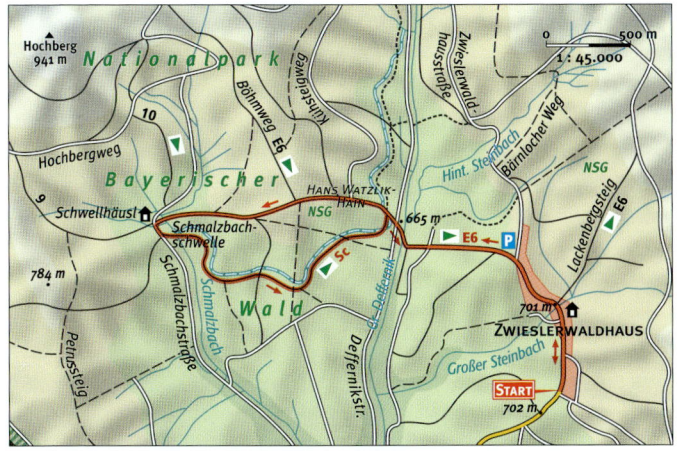

Schließlich erreichen wir die romantisch gelegene Einkehr **Schwellhäusl** (1 Std.). An dieser Schwelle des Schmalzbaches, die 1798 von der königlich-bayerischen Forstverwaltung angelegt wurde, gibt es reizvolle Möglichkeiten zur Rast in den Wirtsstuben oder im Biergarten am Wasser. Der Errichtung der ersten Trifterklause im Jahre 1828 folgte 1859 die Gründung einer bewirtschafteten Hütte. Hier wäre auf verschiedenen Routen eine Verlängerung der Rundwanderung zum Luftkurort Bayerisch Eisenstein möglich, und zwar über die Wanderwege mit den Markierungen grünes Dreieck und »Bussard«.

Unseren Rückweg finden wir am Ende der Teichanlage. Wir gehen links über den Damm eines Klausentors und spazieren dann durch einen reizvollen Mischwald mit weiteren Gelegenheiten zum Kneippen im glasklaren Wasser des Schwemmkanals. Die Markierung »Schwarzstorch« führt uns auf dem Damm des Schwemmkanals bis zur Brücke über die Große Deffernik und dann auf dem Forstweg zurück bis zum Parkplatz am **Zwieseler Waldhaus** (2 Std.).

Das Triftwesen

Damit die Baumstämme problemlos zu Tal gerissen werden konnten, musste der Triftbach einen hohen Wasserdruck aufweisen. Dazu wurde über den Schwemmkanal zum Anstauen der Schmalzbachschwelle zusätzlich Wasser aus der Großen Deffernik zugeleitet. So ersparte man sich bei der früheren Waldbewirtschaftung die mühsame Holzabfuhr mit Ziehschlitten, die nicht ganz ungefährlich war (s. a. S. 14).

Tour 24

Zum König des Bayerwaldes

Vom Großen Arber zur Idylle des Kleinen Arbersees

Eine erlebnisreiche Tour zum »König der Bayerwaldberge«, dem Arber. Wer Stille sucht, findet sie am Kleinen Arbersee mit seinen schwimmenden Inseln, Neugierige können sich auf einem Naturlehrpfad über die Tier- und Pflanzenwelt der Region informieren.

DIE WANDERUNG IN KÜRZE

+++
Anspruch

7.30 Std.
Gehzeit

750 m
Anstiege

Charakter: Anspruchsvoll; teils steile An- und Abstiege auf steinigen Pfaden wechseln sich mit bequemen Forstwegen ab.

Markierung: Ziffern 5, 9, 10, 3LO, grüner Pfeil. Ein Rundwanderweg am Gipfelplateau ist mit »C« markiert.

Wanderkarten: Fritsch Wanderkarte Nr. 60, 1:50 000, Mittlerer Bayerischer Wald und unter www.arber.de

Einkehrmöglichkeiten: Gaststätten in Bayerisch Eisenstein und Mooshütte, Gasthaus am Sonnenfels, Arberschutzhaus, Seehäusel am Kleinen Arbersee

Anfahrt: Mit der **Waldbahn** von Deggendorf und Grafenau nach Zwiesel und Bayerisch Eisenstein; **Busverbindungen** von Bayerisch Eisenstein, Bodenmais, Lohberg und Zwiesel in die Arber-Region sowie zur Arber-Gondelbahn. Mit dem **Pkw** aus Zwiesel, Bodenmais bzw. Regen nach Bayerisch Eisenstein oder direkt zur Talstation der Gondelbahn an der Brennes-Straße.

Fahrzeiten: Einfacher wird die Tour, wenn man den Aufstieg per Gondelbahn (Talstation an der Staatsstraße vom Brennes zum Arberseehaus) absolviert; tägl. 8–16.45 Uhr

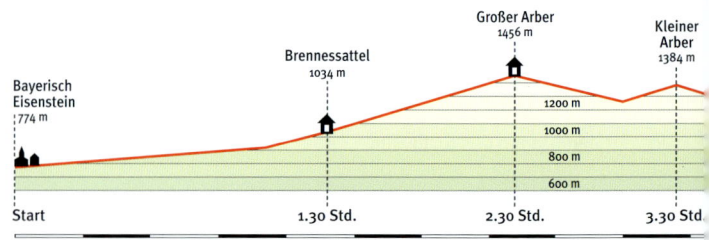

Unter den 50 mehr als 1000 m hohen Bergen des Bayerischen Waldes ist der Arber mit seinen 1456 m der höchste. Deshalb schmeicheln ihm die Waldler auch mit dem Prädikat »König der Bayerwaldberge«. Ein König muss erobert werden – und das gleich aus allen Himmelsrichtungen. Selbst vom Hauptausgangspunkt Bayerisch Eisenstein gibt es mehrere Aufstiegsmöglichkeiten. Wir haben uns für den langgezogenen, nicht zu steilen Aufstieg über den Brennes-Sattel, einen exponierten Kreuzungspunkt mehrerer Straßen und Wanderwegen, entschieden.

Von **Bayerisch Häusl,** einem Ortsteil von **Bayerisch Eisenstein,** wandern wir an der Jugendherberge vorbei nach **Neuhütte.** Dort treffen wir auf die Markierung 9, die uns bis auf den Arber-Gipfel führen wird, und die Markierung 5, die an der Grafhütte unsere Route nach links verlässt. Dafür kommt hier die Markierung 10 hinzu, die uns bis zum **Brennes-Sattel** (1.30 Std.), einem vielbefahrenen Kreuzungspunkt, begleitet. Ab hier kommt Markierung 3LO hinzu, die uns zusammen mit der Ziffer 9 bis zum Gipfel des Arbers begleitet. Wir passieren den **Sonnenfels** und ein Gasthaus an der **Kleinen Arberebene.** Spätestens in der felsigen Gipfelregion wird man merken, welch großen Zulauf der Bayerwald-König hat, denn kaum ein

Besucher verlässt den Bayerischen Wald, ohne dem Großen Arber einen Besuch abgestattet zu haben. Drei Arber-Ranger sorgen für die Einhaltung des Wegegebots.

Schließlich stehen wir auf dem Gipfel des **Großen Arber** (2.30 Std.). Wenn hier auch nicht das Gipfelkreuz, sondern die Radartürme alles überragen und meist viele andere Wanderer unterwegs sind, so lohnt die Aussicht auf Osser, Rachel und Falkenstein sowie hinüber in den Böhmerwald doch alle Mühen. Und wer genügend Zeit mitbringt, der findet selbst hier ein abgeschiedenes Plätzchen zur Gipfelrast.

Wir steigen ab zum **Arber-Sattel,** wo gegen Westen hin das markante Felsgebilde des »Richard-Wagner-Kopfes« ins Auge fällt, das einem felsigen Scherenschnitt des Komponisten gleicht und in wenigen Gehminuten zu erreichen ist. Ein beliebtes Fotomotiv ist – an den Radartürmen in nördlicher Richtung vorbei – auch der mit schwimmenden Inseln geschmückte Kleine Arbersee, unser übernächstes Ziel.

Der Weg zum kleinen Arber folgt einer Weile der Arber-Versorgungsstraße (Markierungen grüner Pfeil und E 6 für den Europawanderweg Ostsee–Wachau–Adria). Nach rund 1 km biegen wir von der Arber-Versorgungsstraße nach rechts in ein

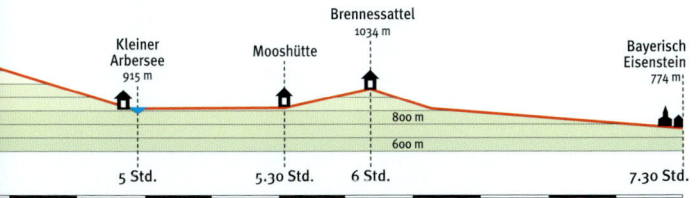

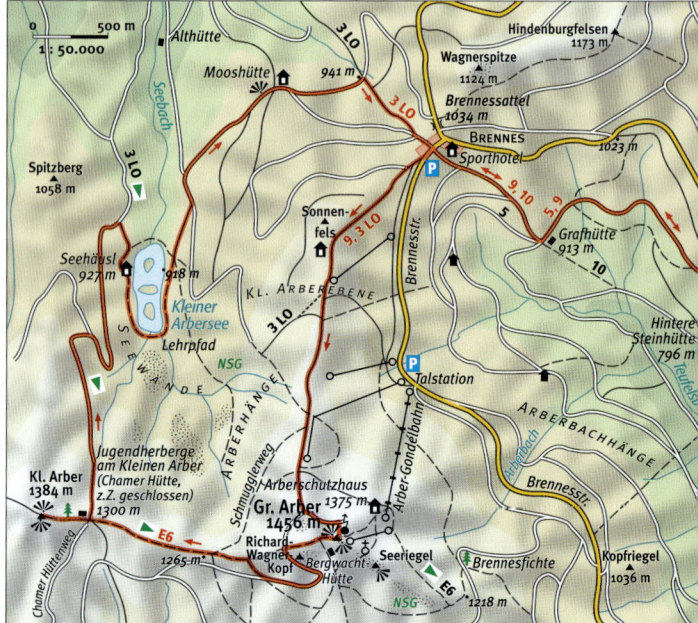

Waldstück ab. Dann geht es durch den Arber-Sattel weiter Richtung Kleiner Arber. Schließlich erreichen wir die höchstgelegene **Jugendherberge** Deutschlands (1330 m; 81 Betten; Feb. 2005 geschl.). Von hier ist es nur noch ein kleines Stück bis zum Gipfel des **Kleinen Arber** (3.30 Std.), der mit 1384 m Höhe fast an seinen ›großen Bruder‹ heranreicht.

Wir kehren zurück zur Jugendherberge und folgen dort dem grünen Dreieck nach links Richtung Kleiner Arbersee. Durch ein Naturschutzgebiet geht es über die Seewände, ein schroff ansteigendes, felsiges Waldstück des Kleinen Arbers, steil bergab zur Idylle des **Seehäusls**, einer Einkehr wie aus dem Bilderbuch. Besonders begehrt sind die Plätze im gemütlichen Biergarten, von wo sich ein zauberhafter Blick auf den **Kleinen Arbersee** (5 Std.) bietet.

Der vom Autoverkehr ungestörte See mit seinen schwimmenden Inseln und seiner seltenen Flora (Sumpfcalla, Braunrote Sumpfwurz, Moorbeeren, Fieberklee, Gelbe Teichrose) stellt bayernweit eine Besonderheit dar. Der 915 m hoch gelegene und bis zu 10 m tiefe See ist 600 m lang und 200 m breit und nimmt eine Fläche von 9,4 ha ein. Er ist ein Überbleibsel aus der Würm-Eiszeit, die vor rund 70 000 Jahren begann und vor 10 000 Jahren endete. Die schwimmenden Inseln sind eine Art Hochmoore (Verlandungsmoore), die vom Wind hin und her bewegt werden. Zu den hier lebenden seltenen Tieren zählen Auerhahn und Haselhuhn sowie die Wasseramsel. Unbedingt Zeit nehmen sollte man sich für einen Rundgang auf dem Naturlehrpfad. Genau so schön ist es, sich einfach ins Gras zu legen, um die Be-

Am Wege

Die einstige Abgeschiedenheit am Großen Arber endete, als hier im Jahre 1949 der erste Sessellift im Bayerischen Wald in Betrieb genommen wurde. Heute erschließt eine 6er Gondelbahn das beliebte Wintersportparadies.

Die Anziehungskraft des Arbers kennt das ganze Jahr über keine Grenzen, aber auch altüberlieferte Traditionen sind am Arber noch lebendig. Zum »Adwich«, »Hadanit«, »Hädweg«, »Ätwa« und »Ärber«, wie man den Berg früher urkundlich geheißen hat, pilgern alljährlich am Sonntag vor oder nach dem Namensfest des hl. Bartholomäus (24. August) zahlreiche Wallfahrer. Dieser Heilige wird von den Glasmachern und Holzhauern des Bayerischen Waldes verehrt, Tausende von Besuchern, viele von ihnen in prachtvoller Tracht und mit farbenfrohen Fahnen, strömen dann zur »Arberkirwa«, der wohl höchstgelegenen Kirchweihfeier des Bayerischen Waldes.

schaulichkeit dieser Waldidylle und die Stille ausgiebig zu genießen.

Doch zurück zum Ausgangspunkt für unseren Rückweg: Nachdem wir den See fast umrundet haben, gehen wir an der Weggabelung nach links, der Markierung LO 4 Grund folgend, nach **Mooshütte** (5.30 Std.), – der gut ausgebaute Forstweg ist ab dem Kleinen Arbersee bis zum Parkplatz unweit der Einöde Mooshütte für den öffentlichen Verkehr gesperrt. Dort nehmen wir die asphaltierte Zufahrtsstraße bis zum **Brennes** (6 Std.; gut ausgeschildert), wo wir wieder auf die uns von der Hinwanderung bekannten Wege Nr. 9 und 10 und später dann auf die Markierung 5 stoßen, die zusammen mit der Nr. 9 zurück nach **Bayerisch Eisenstein** führt (7.30 Std.).

Blick über den Kleinen Arbersee ▷
zum Großen Arber

Tour 24

Das Matterhorn des Bayerwaldes

Wanderung zum Osser

Geradezu alpin setzen die Gipfel des Kleinen und Großen Ossers dem Künischen Gebirge eine zweizackige Krone auf. Sie erheben sich über einer rauen, ursprünglichen Landschaft, deren eigenartige Schönheit niemanden unberührt lässt.

DIE WANDERUNG IN KÜRZE

+++
Anspruch

7.30 Std.
Gehzeit

750 km
An-/Abstieg

Charakter: Anspruchsvolle Bergtour, die allerdings durch Stufen und Geländer entschärft ist. Festes Schuhwerk ist auf alle Fälle zu empfehlen.

Markierung: L 1 und LO 2

Wanderkarten: Topographische Karte 1:50 000, UK 5027, Naturpark Oberer Bayerischer Wald, östl. Teil; Fritsch UK Nr. 121, 1:35 000, Lamer Winkel

Einkehrmöglichkeiten: Osser-Schutzhaus, Gasthaus Berghäusl, Gaststätten in Lam und Lohberg, beim Aufstieg und auf dem Rückweg nach Lam.

Anfahrt: Regentalbahn von Kötzting nach Lam, nur werktags; **Busverbindun-** gen mehrmals täglich von Kötzting, Bayerisch Eisenstein und Furth im Wald nach Lam. Busverbindung auch von Lohberg nach Lam; Fahrplanauskünfte über die Verkehrsämter in Lohberg (Tel. 0 99 43/ 94 13 13) und Lam (Tel. 0 99 43/7 77). Mit dem **Pkw** von Bayerisch Eisenstein sowie aus dem unteren und mittleren Bayerischen Wald über die Brennes-Sattel-Straße nach Lohberg oder Lam. Anfahrt zum Parkplatz »Auf dem Sattel«: von Lam Richtung Lambach, kurz hinter Oberschmelz nach rechts in den steil hinauf führenden Forstweg (ausgeschildert).

Vom Marktplatz von **Lam** folgt man den Hinweisschildern »Künischer Grenzweg L1«. Vorbei an der Jugendherberge und der Totenbrettergruppe des Waldvereins führt der Weg zum **Wallfahrtskirchlein Maria Hilf** (45 Min.). Auf einem leicht ansteigenden Weg, der in Richtung Osten führt, erreicht man dann den inmitten eines dichten Waldes liegenden **Parkplatz** »Auf dem Sattel« (1.30 Std.). Hier befindet sich eine Informationstafel mit Wanderkarte. Gleich links daneben führt der Weg, mit der Markierung L 1 in die Gipfelregion hinauf.

Nach einer Viertelstunde trifft man direkt am Weg auf eine verrohrte Trinkwasserquelle. Interessant sind die am linken Wegrand aufgestellten »Hirtensteine« mit geheimnisvollen

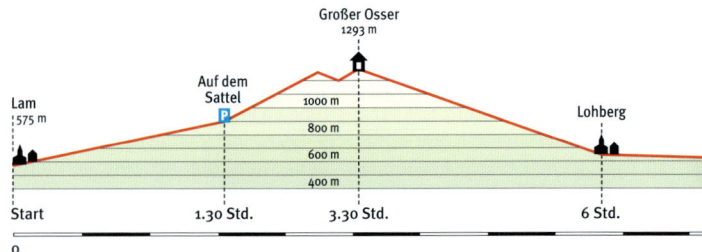

Zeichen, die aus den Waldweidezeiten von 1838 bis 1883 stammen. Die hier schwarz im Stein verewigten »Teufelstritte« werden auf einer Informationstafel erklärt. Für Wetterumschwünge garantiert dann kurze Zeit später eine Schutzhütte Unterstellmöglichkeit. Wenn die im Jahre 1986 erbaute Marienkapelle in Sicht kommt, sind es nur noch fünf Minuten bis zum Gipfel. Zuvor führt rechts – also in Richtung Kapelle – ein stufenar-

Großer Osser
1293 m

Auf dem
Sattel
1000 m

Lam
575 m

800 m

Lohberg

600 m

400 m

Start

1.30 Std.

3.30 Std.

6 Std.

0

Blick auf Lohberg

Wer jedoch auf Nummer Sicher gehen will, der kann sich beim Aufstieg zum Gipfelkreuz an einem Geländer festhalten.

Der **Große Osser** (3.30 Std.) mit seinen nahezu baumfreien Gipfeln setzt sich aus Glimmerschiefer zusammen und wird von den Einheimischen patriotisch gerne auch als das »Matterhorn des Bayerischen Waldes« bezeichnet. Vor allem die Bürger von Lam schätzen ihn nicht nur als ihren Hausberg, sondern auch als ihr zweizackiges Wahrzeichen. Die Ausblicke in den Lamer Winkel wie hinüber ins Böhmische sind an klaren Tagen grandios. Der Heimatdichter Hans Watzlik schrieb über diese Gegend, sie sei eine »der entlegensten und einsamsten Landschaften Mitteleuropas, voller weiter rauer Hochmoore und düsterer, sagenhafter Felsenseen, eine Urlandschaft von tiefster, ergreifender Schönheit.«

Im gemütlichen **Osser-Schutzhaus** werden Mahlzeiten zu zivilen Preisen geboten (Selbstbedienung), Gipfelstürmer können hier auch übernachten (Betten und Gemeinschaftslager). Auf der Terrasse ragt aus einem der Tische ein tschechischer Grenzstein heraus; die offizielle Grenze zu Tschechien verläuft nämlich mitten durch den Gastgarten.

tigen Aufstieg zu seinem nur 27 m niedrigerem Bruder, dem Felsgipfel **Kleinen Osser.** Von hier aus hat man einen herrlichen Blick auf den Hauptgipfel.

Zum Klettern laden die Felsen des Großen Osser von allen Seiten ein.

Für den Abstieg suchen wir zur linken Seite am Fuße des Gipfels zuerst den Wegweiser, der Richtung Thürnstein, Silberbach und Lohberg weist. Nicht immer gleich zu finden sind die grünen Markierungspfeile und die Lohberger Markierung 1 LO auf weißrotem Grund, die uns »auf beschwerlichem Weg«, wie es auch angeschrieben steht, nach Oberlohberg führen. Durch dunklen, eintöni-

Lam
575 m

7.30 Std.

14 km

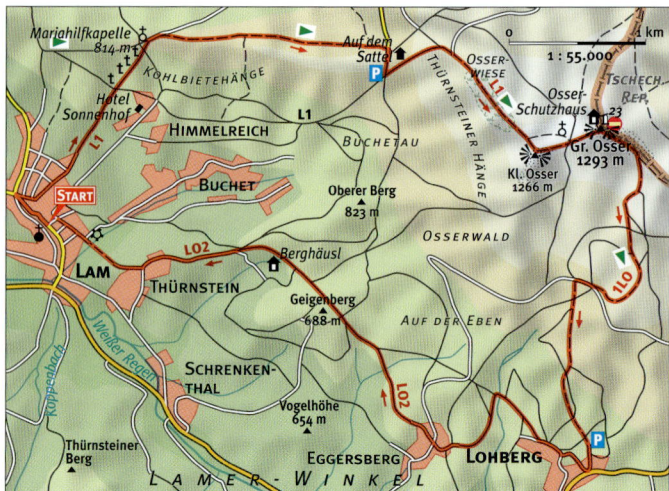

gen Fichtenwald geht es auf felsigem Pfad steil bergab, bis nach einer Stunde links eine Forststraße in Sicht kommt. Später wechselt die Markierung zu LO 2 und ein Wegweiser führt, wenn man schon am Ziel angelangt zu sein glaubt, noch einmal links hinauf nach **Oberlohberg** zu dem am Waldrand gelegenen **Osser-Parkplatz**.

Wer die gut 6 km zu Fuß nach Lam zurücklegen will, schlägt hier den »Ökologie-Erlebnisweg« ein (Osserweg; Markierung LO 2 auf rotweißem Grund) und wandert Richtung Eggersberg, Silberbach und Thürnstein nach **Lam** (7.30 Std.).

der Leibeigenschaft befreit und nur dem Landesfürst unterstellt zu sein. Auch Rechte wie die freie Jagd und Fischerei, Bierbrauen und Schnapsbrennen wurden den Künischen Freibauern eingeräumt.

Nach dem Zweiten Weltkrieg, als die deutschstämmigen Familien das Land verlassen mussten, verfiel dieses einst so fruchtbare Land; Haus und Grund wurden enteignet, die Höfe größtenteils bis auf die Grundmauern geschleift.

Historisches

Dafür, dass mutige Deutschböhmen im 11. Jh. begannen, das Land am Fuße der Osser-Urwälder zu roden und fruchtbar zu machen, erhielten sie vom böhmischen Herzog Břetislaw I. für »ewige Zeiten« das Privileg, als königliche Freibauern von

Der Gläserne Steig

Von Arrach über Lambach nach Lohberg

Im Mittelalter erlebte der Bayerische Wald dank der Glasherstellung eine Blütezeit. Daran erinnert ein Fernwanderweg, der in sechs Etappen von Arrach nach Grafenau führt. Wir folgen ihm ein Stück entlang der malerischen Bergkette von Osser, Kaitersberg und Arber.

DIE WANDERUNG IN KÜRZE

++
Anspruch

5 Std.
Gehzeit

16 km
Länge

Charakter: Mittelschwere Streckenwanderung, deren ständiges Auf- und Ab Kondition erfordert.

Markierung: Rechteckiges Schild mit Glasbläsermotiv

Wanderkarten: Topographische Karte 1:50 000, UK 5029, Naturpark Bayerischer Wald, östl. Teil/Nationalpark Bayerischer Wald; Fritsch Umgebungskarte Nr. 121, 1:35 000, Lamer Winkel

Einkehrmöglichkeiten: Gaststätten in Engelshütt, Berggasthaus bei der Mariahilf-Kapelle, Waldcafé bei Buchet , Hüttenschenke und Gasthof in Lohberg

Anfahrt: Mit dem **PKW:** Von

Süden her erreicht man Arrach am schnellsten über Bodenmais und Arnbruck, von Osten über Lam und von Nordwesten über Rimbach und Grafenwiesen. Eine An- und Rückfahrt mit dem **Bus** (Haltestellen in Arrach, Lam und Lohberg) lässt sich gut planen. Auskünfte u. a. beim Verkehrsamt in Bayerisch Eisenstein (Tel. 09925/327).

Öffnungszeiten: Silber- und Flußspatbergwerk »Fürstenzeche« in Lam-Buchet: tägl. 12–16 Uhr, jeweils zur vollen Stunde Führungen. Glashütte Sellner, Mo–Fr 10–18, Sa, So 10–16 Uhr, Brauerei- und Glashüttenführung.

Der Einstieg zum Gläsernen Steig, beginnt in **Arrach** beim **Gläsernen Tor,** das 5 Minuten vom Bahnhof entfernt aufgestellt wurde. Wir nehmen den Weg zum Seepark (Ruhebänke und Kiosk), gehen am Badesee vorbei bis zum Tal des Reitbaches, der in den Weißen Regen fließt und von einem Schotterweg begleitet wird. Bevor wir in den Wald eintauchen, lohnt ein Blick zurück auf Arrach am Fuße des Großen Riedelsteins (1132 m).

Von Mischwäldern gesäumt ist das Panoramasträßchen hinauf nach **Engelshütt,** durch das wir in nordöstliche Richtung spazieren. Am Ortsrand ist ein Blick auf den Lamer Winkel, auf Lam und den Großen und Kleinen Arber geboten. Neben der Glasstraße-Markierung orientieren wir uns an der Wanderwegmar-

kierung 4 und dem von der Ferne her grüßenden Felsgipfel des Kleinen Ossers (1266 m). Wir bleiben auf einem teils steil ansteigenden kleinen Sträßchen, das durch das Tal des Lambachs führt. Schließlich werden die kleinen Weiler **Schmelz** und **Hinterschmelz** erreicht, deren eindrucksvolle alte Glasmacherhäuser Zeugnis von dem wirtschaftlichen Aufschwung ablegen, die die Glasschmelzen dem Ort einst brachten.

Steil geht es dann bergan weiter durch dichte Wälder, bis sich die Rodungsinsel um **Lambach** öffnet (1.30 Std.). In einem alten Jugendstil-Herrenhaus, das zu einer längst aufgelassenen Glashütte gehörte, wurde als Freizeitspaß für Kinder ein »Märchen und Gespensterhaus« eingerichtet. Steinig wie einst das Leben der alten Waldler führt der Weg weiterhin steil bergauf bis zu der auf einem Waldgrat gelegenen **Mariahilfkapelle** (2.15 Std.). Ein Kreuzweg begleitet den steinigen Pfad bergab. Wir verlassen den Wald und werden erneut mit einem zauberhaften Blick in die Täler des Lamer Winkels, hin zum Kaitersberg und zum Arber belohnt. Der Weg führt am Waldrand entlang nach **Buchet,** wo es an der Osserstraße ein Mineralienmuseum gibt, zu dem eine Glasbläser-Markierung den Weg weist. Gleich dahinter macht der Weg eine scharfe Kehre und führt am historischen Silber- und Flussspatbergwerk »Fürstenzeche« in **Lam-Buchet** vorbei.

Nun führt der Gläserne Steig mit schönen Panoramablicken wieder zum Wald hinauf. Das Waldcafé **Berghäusl** (3.45 Std.) lockt mit Einkehrmöglichkeit, doch der Höhenweg setzt sich durch weite Wälder und malerische Weiden-Hecken-Landschaften fort. Nach der Überquerung eines kleinen Bächleins öffnet sich der Wald und gibt den Blick

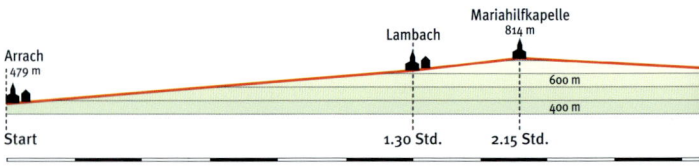

frei auf den Großen und Kleinen Arber. Über **Eggersberg** geht es nun gemütlich nach **Lohberg** (5 Std.), dem Ziel unserer Wanderung.

Wer noch Zeit hat, der sollte sich hier den Besuch der Glashütte Sellner nicht entgehen lassen. Denn hier steht im Glasskulpturenpark der Glashütte das zweite **Gläserne Tor.**

Wilde Tiere, zartes Glas

Der **Bayerwald-Tierpark** in **Lohberg** beherbergt über 300 Tiere in 70 Arten des bayerisch-böhmischen Grenzgebietes in natürlicher Umgebung, dazu Naturlehrpfade, Streichelzoo, Aquarien, Kinderspielplatz, Urwaldhaus.

Ab Herbst 2000 Kunstgalerie Bayerischer Wald im revitalisierten **Schwarzauer Bauernhaus** mit Bildern, historischer Gläsersammlung, Bauernladen.

Infos: Tourismus-Information Lohberg, Tel. 09943/9413-13

Brotzeit bei den Waldlerbauern

Zu einsamen Bergbauernhöfen im Lamer Winkel

Im Bayerischen Wald gibt es nur noch wenige der traditionsreichen Waldbauernhöfe, die noch nicht abgebrochen und in Museumsdörfern wieder aufgebaut worden sind. Auf dieser Tour bieten sich einige für eine Rast mit Bewirtung zu günstigen Preisen an.

DIE WANDERUNG IN KÜRZE

+
Anspruch

4 Std.
Gehzeit

9 km
Länge

Charakter: Gemütliche Tour mit vielen Einkehrmöglichkeiten

Markierung: L 7

Wanderkarten: Topographische Karte 1:50 000, UK 5027, Naturpark Bayerischer Wald, östl. Teil; Fritsch Umgebungskarte Nr. 121, 1:35 000, Lamer Winkel

Einkehrmöglichkeiten: Verschiedene Bauernhöfe am Weg

Anfahrt: Mit der **Lokal-**bahn aus Kötzting nach Lam; **Busverbindung** von Bayerisch Eisenstein, Kötzting und Furth im Wald. Mit dem **Pkw** über die Staatsstraße von Bayerisch Eisenstein nach Neukirchen bzw. Richtung Arrach und Hohenwart. Von Bodenmais aus fährt man an der Arber-Sessellift-Talstation vorbei über den Brennes-Sattel und Lohberg nach Lam. **Parkmöglichkeit** in Lam beim Kurpark (Nähe Marktplatz).

Vom Verkehrsamt in **Lam** ist am westlichen Ausgang des Marktplatzes nach gut 50 m der Markierung L 7 für den Rundwanderweg zu den Bergbauernhöfen am Nordhang des Klosterrotter Waldes zu folgen. Bald wird der Blick frei nach Westen zum Hohen Bogen (1079 m) und nach Südwesten zum Höhenzug des Kai-tersberges mit seiner höchsten Erhebung, dem Riedelstein (1134 m). Im Südosten tritt der »König der Bayerwaldberge«, der Große Arber (1456 m) in Erscheinung. Durch das Tal des Weißen Regen setzt sich der Weg an der **Ginglmühle** vorbei zum Ortsteil **Frahelsbruck** fort. Dort muss dann der Weiße Regen und die Eisenbahn-

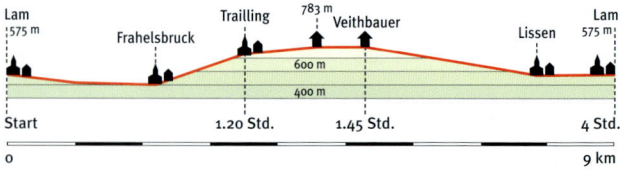

Lam 575 m — Frahelsbruck — Trailling — 783 m — Veithbauer — Lissen — Lam 575 m

Start — 1.20 Std. — 1.45 Std. — 4 Std.

600 m
400 m

0 — 9 km

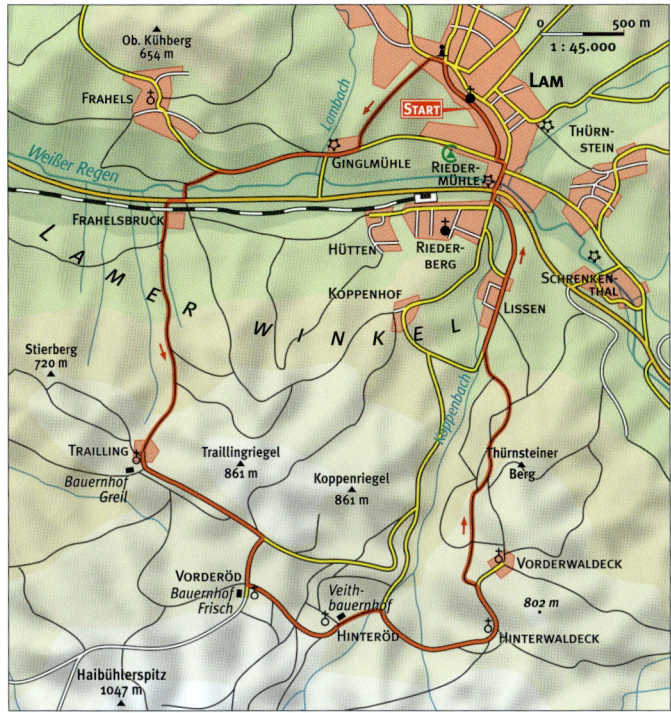

strecke der Regentalbahn überquert werden. Bis **Trailling** nimmt uns ein Waldstück auf. Unterwegs passieren wir eine Kapelle mit herrlichem Bauernbarock. In einer Höhenlage von 800 m treffen wir dann, nach steilem Aufstieg, auf den ersten **Bergbauernhof** dieser Tour. Hofbesitzer ist der Bauer Greil, der Interressierten gerne über die Geschichte seiner traditionsreichen Pfründe Auskunft gibt. Sehenswert: die Kapelle im Stil des Bauernbarock.

Nun geht es auf einem gut ausgebauten Wirtschaftsweg nach Südosten zum **Waldbauernhof** der Familie Frisch, auch »Ödbauer« genannt, die hier seit dem Jahre 1540 ansässig ist. Damit haben wir auch schon den höchsten Punkt unserer Wande-

rung erreicht und die erste Gelegenheit zum Brotzeitmachen. Wir bleiben weiterhin auf dem Wanderweg L 7 und kommen nach einem kurzen Wegstück über ein Hochplateau und vorbei an Vorder- und Hinteröd zum **Veithbauernhof** (1.45 Std.). Auch hier ist eine Einkehr möglich; die Bäuerin tischt, wie es auf einem Bauernhof üblich ist, Bauernbrot, Bauernbutter, Geräuchertes oder Schweinsbraten auf. Von hier bietet sich eine herrliche Aussicht auf die beiden Osser-Gipfel, das Künische Gebirge, bis zum Zwerceck im Nordosten.

Abkürzung: Am Veithbauernhof besteht die Möglichkeit, die Rundwanderung über den Koppenwald

Wie schon vor Jahrhunderten prägen die Erfordernisse der Tierhaltung den Tagesablauf der Bauernfamilien im Lamer Winkel

und den Koppenhof nach Lam abzukürzen; in diesem Fall ist der Wegmarkierung L 6 zu folgen.

Doch wir setzen unsere Rundwanderung wie vorgesehen fort, müssen dazu hinter dem kleinen Inhaus (Austragshaus) steil die Hauswiese hinunter und durch eine dunkle Fichtenschonung zum Koppenbachgrund absteigen. Dieser muss überquert werden. Ein bequemer Wirtschaftsweg bringt uns nach **Waldeck,** dann steigen wir wieder nach **Hinterwaldeck** auf, wo wir bei einem weiteren Waldbauernhof (Einkehrmöglichkeit) auf ein Wildgehege treffen, in dem Damhirsche beobachtet werden können. Wir verabschieden uns an der Hauskapelle von der Welt der Bergbauern und steigen die Hauswiese hinunter zum Bergwald. Die Markierungen L 6 und L 7 führen uns dann zurück – am Bahnhof vorbei – zum Ortsmittelpunkt von **Lam** (4 Std.).

Kletterspaß in engen Röhren

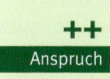

Zu den Rauchröhren am Kaitersberg

Diese Tour führt zu einigen der markantesten Felsgebilde des Bayerischen Waldes. Nicht nur der Große Riedlstein beeindruckt, sondern vor allem die gigantisch in die Höhe ragenden Felstürme der Rauchröhren, die auch gerne als Klettergarten genutzt werden.

DIE WANDERUNG IN KÜRZE

++ Anspruch	**Charakter:** Mittelschwer, nach einem steilen Anstieg folgt eine leichte Kammwanderung.	**Einkehrmöglichkeiten:** Berggasthof Eck, Gasthaus in Eschlsaign
3 Std. Gehzeit	**Markierung:** Beim Einstieg grüner Pfeil	**Anfahrt: Busverbindungen** von Arnbruck, Arrach und Haibühl, Viechtach und Lam zur Ausflugsgaststätte im Weiler Eck zwischen Arnbruck und Arrach. Die Anfahrt mit dem **Pkw** erfolgt ebenfalls über die genannten Orte.
350 m Anstieg	**Wanderkarten:** Topographische Karte 1:50 000, UK 5027, Naturpark Bayerischer Wald, östl. Teil; Fritsch Umgebungskarte Nr. 132, 1:35 000, Kötzting	

Der Ausgangspunkt zu dieser Wanderung lässt sich nicht verfehlen, denn der Ecker Sattel an der Straße zwischen Arnbruck und Arrach ist von einer gastlichen Bastion gekrönt, dem **Berggasthof Eck.** Unmittelbar dahinter befindet sich auf der linken Straßenseite ein öffentlicher Parkplatz. Direkt beim Gasthof weisen die Markierungen grüner Pfeil und 6 A 10 zur ersten Höhe des Kaitersberg-Massivs. An einer Viehweide entlang geht es auf einer breiten Liftschneise bergwärts. Die dazugehörige Skiabfahrt muss wenig später überquert werden.

Der Weg führt zunächst über Wiesen und einen Sandweg und wird dann immer steiniger, bis schließlich der **Große Riedelstein** (1.20 Std.) erreicht ist. Seinen Gipfel krönt ein

Rast vor der Kötztinger Hütte

*Das Ziel der Wanderung:
die Rauchröhren*

steinernes Türmchen, das dem Bayerwald-Dichter Maximilian Schmidt (1832–1919), auch der »Waldschmidt« genannt, ein Denkmal setzt.

Entstanden ist der Höhenzug des Kaitersberges durch andauernde Umwandlungen und Umformungen des aus Sedimenten, Sand und Tonen bestehenden Urgesteins vor ca. 600 Millionen bis 1 Milliarde Jahren. Der Kamm des Berges ist mit Felsbrocken übersät. Auf der Weiterwanderung darf man sich nicht vom

Wegweiser nach Rappendorf irreleiten lassen, sondern setzt den Weg geradeaus zu den Rauchröhren, der Markierung 6 A folgend, fort.

Wie eine Trutzburg tauchen nach ungefähr einer Stunde Gehzeit die beiden massigen Felstürme der **Rauchröhren** auf (2.15 Std.). Bereits seit dem Jahre 1911 üben sich am linken Rauchröhrenblock (1040 m) und am rechten Steinturm (1042 m) die Bergsteiger mit Seil und Haken. Eine Gedenktafel an einem der Felstürme erinnert an den Tod eines jungen Mannes, dem seine Liebe zum Bergsteigen zum Verhängnis wurde. Doch auch für den, der nicht so hoch hinaus will, kann es ein Spaß sein, durch die tiefeingekerbte Schlucht der mächtigen Rauchröhren-Felswände zu klettern.

Variante: Wer Zeit für eine Tageswanderung hat, der kann von hier aus den gesamten Kaitersberg-Höhenzug Richtung Kötzting abwandern und wird dabei dem grünen Markierungspfeil über das Steinbühler Gesenk, die Kötztinger Hütte, den Mittagsstein (1034 m) und den Kreuzfelsen (999 m), die Räuber-Heigl-Höhle sowie die Ortschaften Reitenberg und Reitenstein nach Kötzting geführt.

Am rechten Steinturm der Rauchröhren weist ein Pfeil zum Abstieg nach Eschlsaign. Das steil abfallende, sehr steinige und ausgeschwemmte

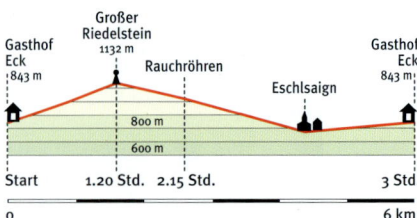

Wegstück führt über mehrere quer-laufende Steige hinweg (Markierung A 9). Bei der dann kreuzenden Sand-straße darf die nach links Richtung Eschlsaign hinunterzeigende 6er Markierung nicht übersehen wer-den. Auf dem **Gut Eschlsaign** gibt es nicht nur eine schöne Einkehr, son-dern auch ein Damwildgehege. Von der an der Südseite des Gutes auf-gestellten Informationstafel führt unser Rückmarsch auf einem Feld-weg leicht bergan, der mit den Mar-kierungen A 6 und A 10 auf weißem Grund ausgeschildert ist.

An einem Waldrand entlang mar-schieren wir etwa 2 km weit, kom-men an einem Waldlerhaus mit Kapelle vorbei und kehren schließ-lich zurück zum **Parkplatz** auf dem **Ecker Sattel** (3 Std.). Kurz vor dem Ziel stößt der Wanderweg auf die Kehre einer Kreisstraße, die jedoch auf ihrer rechten Seite einen Fußweg aufweist.

Tour 29

Am Blaibacher See

Von Kötzing nach Weißenregen und ins Tal des Schwarzen Regen
Nach dem Besuch eines der bedeutendsten Kulturgüter des Bayer-
walds, der Fischerkanzel in der Rokokokirche Weißenregen, geht es
hinaus in die abwechslungsreiche Fluss- und Seenlandschaft im Tal
des Schwarzen Regen.

DIE WANDERUNG IN KÜRZE

+
Anspruch

Charakter: Leichte Talwanderung auf gut ausgebau-
ten Straßen und Wegen

4 Std.
Gehzeit

Wanderkarten: Topographische Karte 1:50 000,
UK 5027, Naturpark Obe-
rer Bayerischer Wald, östl.
Teil; Fritsch Wanderkarte
Nr. 69, 1:50 000, Rund um
den Arber

13 km
Länge

Einkehrmöglichkeiten:
Restaurant Seeblick am

Kraftwerk des Höllensteinsees

Anfahrt: Mit dem **PKW:**
Über die B 85 bis Miltach,
dort nach Kötzting abbie-
gen. Kötzting ist aber auch
für den **Bahn- und Busverkehr** ein vielfrequentierter
Anlaufpunkt vor allem in
den Morgen-, Mittag- und
Abendstunden.

Der Ausgangspunkt **Kötzting** hat in
Bayern vor allem deshalb große Bedeutung, weil hier seit Jahrhunderten am Pfingstmontag der größte
Pfingstritt mit oft mehr als 400 Rei-
tern zur Wallfahrtskirche in Stein-
bühl stattfindet. Eine gute Orientierung zum Ausgangspunkt unserer
Wanderung bieten die Bahnunterführung oder der Kötztinger Kurpark, wo wir uns den Wanderweg mit
dem Markierungszeichen »Blauer
Fisch« suchen. Er führt uns an To-

tenbrettern vorbei über ein kleines
Brücklein über den Weißen Regen.
Am anderen Ufer wenden wir uns
nach rechts und kommen alsbald zu
Kreuzwegstationen. Sie führen uns
an mächtigen Bäumen vorbei direkt
zur **Wallfahrtskirche Mariä Himmelfahrt** in **Weißenregen,** deren
Turm uns bereits seit einiger Zeit als
Orientierungspunkt gedient hat .
    Besonders bemerkenswert in die-
ser Rokokokirche, deren Ursprünge
auf das Jahr 1750 zurückreichen, ist

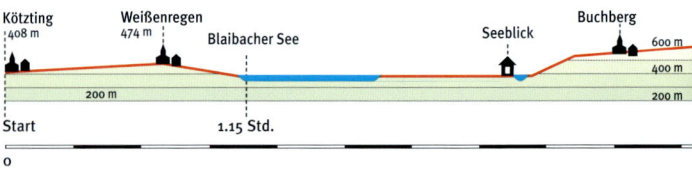

Kötzting
408 m
Start

Weißenregen
474 m
Blaibacher See

200 m

1.15 Std.

Seeblick

Buchberg
600 m
400 m
200 m

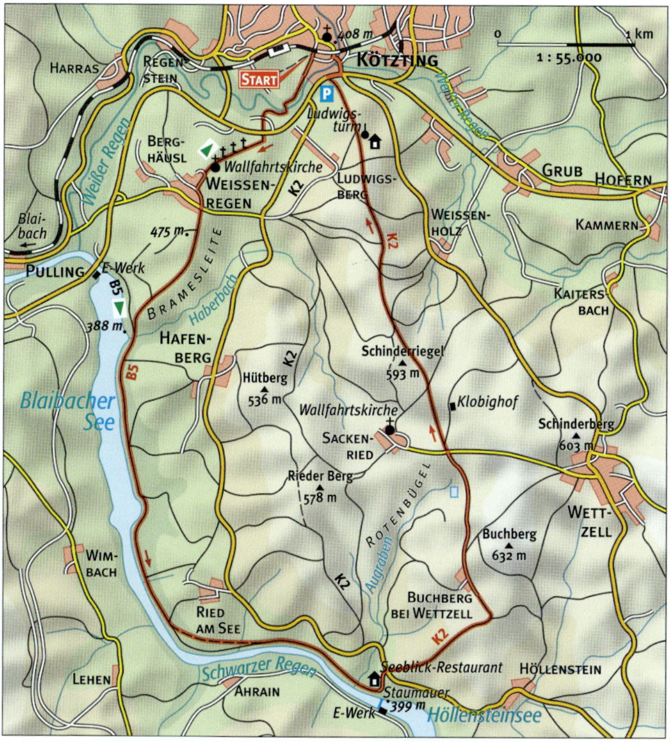

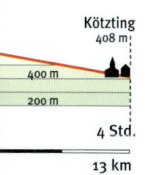

die kunstvoll geschnitzte Fischer- oder auch Schiffskanzel, die an das Gleichnis vom wunderbaren Fischfang der Apostel im See Genezareth erinnert.

Anschließend geht es ins Tal des Schwarzen Regen hinab. Wir wandern auf der Dorfstraße zuerst nach links und dann, nach dem Gebäude mit der Hausnummer 7, nach rechts entlang der Bramesleite. Nach wenigen Gehminuten durchqueren wir schließ-

lich ein Waldstück und erreichen das östliche Ufer des durch Aufstauuung des Schwarzen Regen entstandenen **Blaibacher Sees** (1.15 Std.).

Mit der Markierung B 5 auf weiß-rotem Grund wandern wir am Ufer entlang, das mit Rohrkolben und anderen Sumpfgewächsen Wasservögeln eine nahrungsreiche Heimstätte bietet. Bald kommt die mächtige Staumauer des insgesamt 4 km langen **Höllensteinsees** in Sicht, wo das **Seeblick-Restaurant** mit Aussichtsterrasse zur Einkehr und ein Bootsverleih zum Paddeln einladen.

Den Rückweg nach Kötzing treten wir nach dem Parkplatz des Restaurants Seeblick in Richtung Osten auf einer für den Verkehr freigegebe-

Fischerkanzel in der Wallfahrtskirche Mariä Himmelfahrt in Weißenregen

nen Straße in Richtung Buchberg an. Zu folgen ist dabei der Markierung K 2 auf weiß-rotem Grund. An einer Kreuzung begegnen wir einer Kreuzigungsgruppe und einer Schutzhütte. Hier biegen wir nach links ab. Auf unserer weiteren Wanderung kommen wir an zwei Feldkreuzen vorbei. Nach der Durchquerung des Schinder Riegels und des Gruberwalds zeigt sich zur Linken wiederum die Wallfahrtskirche Weißenkirchen. Zum Ausklang unserer Reise erwarten uns noch der zu Ehren von Bayernkönig Ludwig I. errichtete **Ludwigsturm** (erbaut 1850) und ein Waldlehrpfad, bevor wir wiederum durch die bereits aufgezeigte Bahnunterführung das Zentrum von **Kötzting** erreichen, unserem Ausgangspunkt (4 Std.).

Ins Tal des Schwarzen Regen

Von Prackenbach zum Höllensteinsee

Eine Tageswanderung mit vielen Sehenswürdigkeiten und abwechslungsreicher Landschaft. Für eine Rast am Höllensteinsee, vielleicht mit Bootsfahrt, sollte man genügend Zeit einkalkulieren.

DIE WANDERUNG IN KÜRZE

+
Anspruch

Charakter: Einfache Wanderung, vom Frühling bis zum Spätherbst möglich.

Markierung: Am Einstieg Ziffer 2 auf rotem Grund

4.30 Std.
Gehzeit

Wanderkarten: Topographische Karte 1:50 000, UK 5027, Naturpark Oberer Bayerischer Wald, östl. Teil; Fritsch Wanderkarte Nr. 69, 1:50 000, Rund um den Arber

14 km
Länge

Einkehrmöglichkeiten: Alter Wirt in Krailing, Gasthaus Seeblick am Höllensteinsee, Gaststätten in Fichtental und Prackenbach

Anfahrt: Prackenbach liegt bei Viechtach an der B 85; **Regionalbusse** aus Viechtach, morgens, mittags und abends, aber nur an Werktagen.

Ausgangspunkt ist die Ortsmitte von **Prackenbach;** hier folgt man der Markierung Ziffer 2 auf rotem Grund in Richtung Feuerwehrgerätehaus. Von der nun folgenden, wenig befahrenen Teerstraße bietet sich ein schöner Blick auf den Ort und das Prackenbacher Tal bis zur 900 m hoch gelegenen Käsplatte im Süden. Vorbei an Wiesen und Feldern wird **Wiedenhof** erreicht. Im Wald zweigt der Wanderweg als schmaler Pfad rechts ab zur **Marienkapelle Oberstein.** Dieser Platz bietet Gelegenheit für besinnliche Minuten und zugleich einen schönen Ausblick in nördliche Richtung zum Kaitersberg. Beim Weitermarsch fällt der Weg ab zur Einöde **Oberstein** und zu der nunmehr rund 1,5 km entfernten Ortschaft **Krailing** (1 Std.).

Von Krailing aus führt die Straße am Kinderspielplatz vorbei zur früheren Haltestelle der Regentalbahn. Auf der alten Trasse ist jetzt der Regental-Radweg angelegt, den wir überqueren und links der schmalen Straße Richtung Aurieden nach Ahrain folgen. Beim Verlassen des Waldes wird nun zur linken Seite der Schwarze Regen mit dem Blaibacher See – Blick nach Norden – zum erstenmal sichtbar. Ab **Ahrain** folgen wir dem Forstweg zum **Höllensteinsee** (2 Std.). Schon von weitem ist das leise Surren der drei Turbinen zu hören. Der mit dem Kraftfahrzeug an seinem Westufer kaum zugängliche See lädt zu Ruhe und Erholung ein. Ob man nun von der Staumauer in die Tiefe blickt oder mit dem Kahn (Bootsverleih am Ostufer) die Naturschönheiten des rund 4 km langen Sees betrachtet, sei dem Besucher selbst überlassen. Unter Anglern ist er auch als gutes Fischwasser

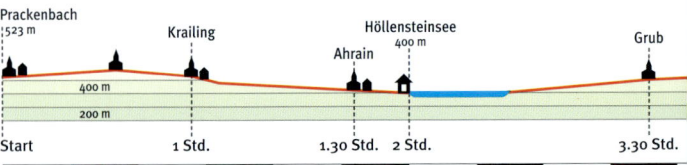

Wasserspiele am Schwarzen Regen

bekannt. Für eine kurze Rast bietet sich das am Höllenstein gelegene Gasthaus Seeblick an.

Der Rückweg führt auf einem Forstweg nach Süden Richtung Grub. Der See begleitet uns die ersten 2 km zur linken Seite, bevor wir dann an der Weggabelung des Viechtacher Wanderweges (Markie-

rung 1) und des Prackenbacher Wanderweges (Markierung 2) rechts nach **Grub** (3.30 Std.) abzweigen. Am Ende dieser Ortschaft bietet sich wieder eine Rast an einer Marienkapelle mit nochmaligem Rundblick zum Blaibacher See an. Die Teerstraße führt weiter über Frauenwies bis zur Abzweigung links nach Ruh-

Prackenbach
523 m

Kräiling

Ahrain

Höllensteinsee
400 m

Grub

400 m

200 m

Start   1 Std.   1.30 Std.   2 Std.   3.30 Std.

0

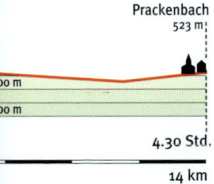

mannsdorf, wobei man in südlicher Richtung die Stadt Viechtach in der Ferne erkennen kann.

Nun windet sich der Weg abwärts in Richtung Fichtental. Nach Überqueren des Regentalradweges folgen wir der ca. 2 km langen Kreisstraße, vorbei am Weiler Geigenmühle. Am Ortseingang von **Prackenbach** (4.30

Std.) treibt das Wasser des Prackenbaches bis heute das hölzerne Wasserrad des Sägewerks **Wiedenmühle** an.

Prackenbach
523 m

4.30 Std.

14 km

Sankt Ursula zur Ehr'

Spaziergang auf den Pilgramsberg

Ein sehr schöner Spaziergang führt rund um den Pilgramsberg mit der Wallfahrtskirche St. Ursula, die für ihre interessanten Votivtafeln bekannt ist. Unterwegs hat man eine herrliche Aussicht auf den Gallnerberg im Nordosten und auf die Donauebene im Süden.

DIE WANDERUNG IN KÜRZE

+
Anspruch

2 Std.
Gehzeit

5 km
An-/Abstieg

Charakter: Einfache Wanderung mit schönen Rastplätzen

Markierung: R 2 in rotem Kreis

Wanderkarten: Topographische Karte, UK 5028, 1:50 000, Naturpark Bayerischer Wald, westl. Teil; Fritsch Wanderkarte Nr. 57, 1:35 000, Vorderer Bayerischer Wald

Einkehrmöglichkeiten: Gasthöfe in Pilgramsberg

Anfahrt: Regionalbusse von Mitterfels über Ascha; besser aber mit dem **Pkw:** Aus dem oberen und mittleren Bayerischen Wald über die B 85 bis Cham und von dort auf der B 20 nach Süden Richtung Rattiszell. Vor Rattiszell nach Westen Richtung Euersdorf bis Pilgramsberg. Aus dem unteren und südlichen Bayerischen Wald über die A 3, Ausfahrt Straubing, und die B 20 nach Ascha und von dort über Eggerszell nach Pilgramsberg. Der Parkplatz beim Sport- und Tenniszentrum befindet sich ein Stück westlich des Ortes Richtung Haunkenzell.

Ausgangspunkt dieser Wanderung ist der Parkplatz beim Sport- und Tenniszentrum östlich von **Pilgramsberg.** Bereits hier ergibt sich eine herrliche Aussicht auf das Kinsachtal mit dem Ort Rattiszell. Die Wanderung führt zuerst auf dem Neundlingerweg (R 2 in rotem Kreis) einem gut ausgebauten Sandweg durch einen Fichtenwald, wobei sich immer wieder schöne Ausblicke eröffnen. Dieser Weg ist bis zum Waldstück

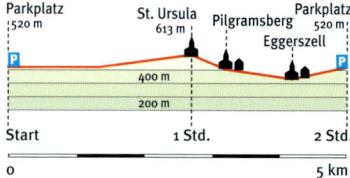

Wolfskarr (30 Min.) leicht begehbar und steigt kaum an. Im Wolfskarr schlagen wir die Richtung Wäscherszell (Hinweistafel) ein.

Schließlich führt der Weg durch einen herrlichen Mischwald, wobei eine mittelmäßige Steigung zu überwinden ist, und mündet dann in die Zufahrtsstraße zur Wallfahrtskirche St. Ursula. Bevor man den Gipfel erreicht, lädt ein stillgelegter Steinbruch zu einer kurzen Rast ein. Man sieht noch einen Keller, in dem einst die Munition für die Sprengung des Gesteins gelagert wurde, sowie das ehemalige Steinbruch-Betriebsgelände, auf dem ein Naturlehrpfad angelegt wurde. Erklärt wird hier die Hecke als Lebensraum, das Wachstum von Bäumen, seltene Vögel, der Mischwald-Reinbestand und die hier vorkommenden Pilze. Ein eigener Bereich ist geologischen Phänomenen gewidmet.

Bald darauf erreicht man den 613 m hohen **Pilgramsberg** (1 Std.) mit seinem Wahrzeichen, der **Wallfahrtskirche St. Ursula**, die schon seit Jahrhunderten Wallfahrer anzieht, insbesondere seit der Entstehung der Marienwallfahrt im Jahre 1839. Tausende von Pilgern haben seitdem hier in Bedrängnis und Not Trost und Hilfe gesucht und gefunden. Die mit Votivbildern übersäten Wände des Kirchleins künden davon in Wort und Bild – sehenswert! Für den Aufstieg wird aber auch der Naturfreund belohnt, wenn er vom Gipfel die herrliche Aussicht über Waldgebirge, Täler und Ebene genießt.

Nach einem stillen Verweilen in der Wallfahrtskirche und einer Gipfelrast geht es an den Kreuzwegstationen, die an das Leiden und Sterben Christi erinnern, wieder hinab zur Ortschaft Pilgramsberg. Die

Wegstrecke bis zum Ort ist identisch mit einem Teilstück des Europäischen Fernwanderweges E 8, der von der Nordsee quer durch Europa bis zu den Karpaten führt. Ungefähr 100 m unterhalb der Wallfahrtskirche kommt man auf diesem Kreuzweg am Gasthof Brandl vorbei, der bezeichnenderweise den Namen »Schöne Aussicht« trägt.

Am Fuße des Bergkegels folgen wir der Pilgramsberger-Rundwanderung mit der Markierung R 2, die vorbei am Gasthaus Schedlbauer in Richtung Sockabachtal zum Bauerndorf **Eggerszell** (1.30 Std.) und von dort über Mutzendorf zurück nach **Pilgramsberg** führt (2 Std.).

Die Wallfahrtskirche St. Ursula
am Pilgramsberg ▷

Wallfahrt zum seligen Engelmar

Von Sankt Englmar hinauf zum Pröller

Eine Sonntagswanderung, wie sie im Buche steht, ist der Weg von St. Englmar hinauf zum Pröller. An Pfingsten nehmen Tausende von Pilgern am frommen Historienspiel um den Einsiedler Engelmar teil.

DIE WANDERUNG IN KÜRZE

Anspruch

Charakter: Einfach; außer dem letzten Stück zum Gipfel des Pröllers keine größeren Steigungen; gut ausgebaute Wanderwege

3 Std.
Gehzeit

Markierung: Beim Einstieg Ziffer 4

9 km
Länge

Wanderkarten: Topographische Karte 1:50 000, UK 5070, Naturpark Oberer Bayerischer Wald, östl. Teil; Fritsch Wanderkarte Nr. 57, 1:35 000, Vorderer Bayerischer Wald

Einkehrmöglichkeiten: Zahlreiche Gaststätten in St. Englmar, Berggasthof Hinterwies

Anfahrt: Busverbindungen von Viechtach, Bogen und Straubing nach St. Englmar. Mit dem **Pkw:** Bei Viechtach von der B 85 Richtung St. Englmar abbiegen. Von der A 3 an der Ausfahrt Bogen/St. Englmar oder Schwarzach in nördliche Richtung nach St. Englmar.

Im Zentrum von **Sankt Englmar** geht es an der Pfarrkirche (mit Friedhof) und der Kurverwaltung vorbei zur Bogener Straße und von da 600 m hinauf zur Staatsstraße, die von Viechtach nach Bogen führt. Dieser vielbefahrenen Straße folgen wir etwa 200 m, dann biegt unser Wanderweg Nr. 4 rechts von der Straße ab und führt links an einem Transformatorenhaus vorbei in südwestliche Richtung talwärts, dem Hinweisschild nach Ahornwies folgend. Eine Gruppe von Totenbrettern säumt den Weg. Der Wiesen- und Sandweg wird dann von einem Fichtenwald aufgenommen. Zur linken Seite tut sich eine kleine Waldlichtung mit Blick ins Klinglbachtal auf, in deren Mitte der **Pröllerhof,** eine alte Waldbauernheimat, steht. In Sankt Englmar erzählt man sich, dass der frühere Besitzer, der Pröller-Bauer, mit seiner Frau in fünf Jahrzehnten Ehe kein Wort gesprochen haben soll. Erst im hohen Alter soll ihm eine Christnacht das Zwiegespräch mit seiner Frau wiedergebracht haben – als Weihnachtswunder.

Auf dem Kirchenweg des alten Gehöfts geht es weiter nach Nordwesten, immer der Markierung Nr. 4 folgend. Links erhob sich einst die 32 m hohe **Pröller-Tanne,** deren Alter auf 300 Jahre geschätzt wurde. Sie fiel einem Blitzschlag zum Opfer, ein 2 m hoher Stumpf ist noch zu sehen. Der Wald beginnt sich zu lichten, wir überqueren die erste Liftschneise und dann den Hang der Skiabfahrt.

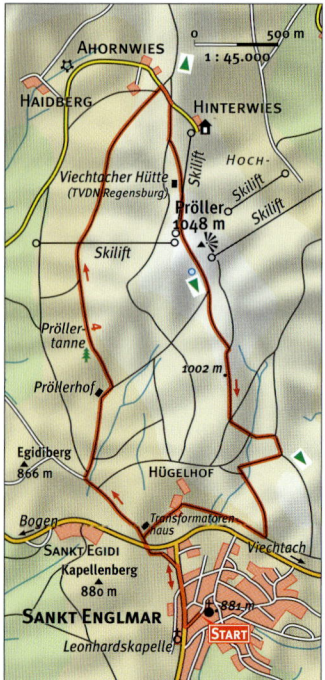

Sobald man den Wald verlassen hat, tauchen die verstreut liegenden Häuser und Höfe des Weilers **Ahornwies** auf, der jedoch jeden enttäuscht, der hier nach Ahornbäumen Ausschau hält. Der Weg macht nun eine scharfe Kehre und folgt beim Weiler **Hinterwies** einer weiteren Liftschneise, eigentlich die größte Steigung dieser Wanderung. Es geht hinauf zur **Viechtacher Skihütte** der Regensburger Naturfreunde-Gruppe und zur Skilift-Bergstation.

Von der Bergstation führt nach Osten ein Waldweg in wenigen Minuten zu dem mit einem schlichten Holzkreuz gekrönten Gipfel des **Pröller** (2 Std.). Einige hölzerne Sitzgruppen laden zum Verweilen ein. Nach Nordosten öffnet sich ein weiter Blick Richtung Kollnburg (mit Ruine) und zum Kaitersbergmassiv, dem bayerisch-böhmischen Grenzgebirge.

Auf dem Rückweg treffen wir ein paar Meter vom Gipfelkreuz in südlicher Richtung auf die Markierung grüner Keil, der wir jedoch nur ein paar Meter folgen, da dieser Hauptwanderweg in Richtung Predigtstuhl, Hirschenstein und Gotteszell führt. Wir suchen statt dessen den Hinweis nach St. Englmar und folgen den rotweißen Markierungen. (Wer dem Holzschild »Quelle« folgt, trifft auf eine Moorquelle und kann rasch ein paar Kneipp-Anwendungen nehmen.)

Gute Fotomotive bieten sich dann bergab am Froschmaulfelsen. Ein Totenbrett erinnert an den Straubinger Turner Paul Zemanek, den 1922 auf dem Weg zum Sonnwendfeuer auf dem Pröller der Tod ereilte.

Zum Schluss der Wanderung teilt sich der Weg gleich einem Flussdelta, doch alle Wege führen schließlich talwärts zum Weiler Hügelhof und damit zu dem nach **Sankt Englmar** zurückführenden Weg (3 Std.).

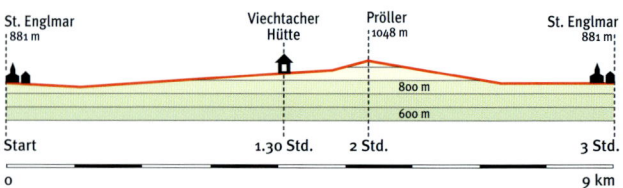

Gerade zu Pfingsten werden im Bayerischen Wald viele alte Bräuche gepflegt wie etwa hier der Kötztinger Pfingstritt

Am Wege

Tausende von Brauchtumsfreunden sind alljährlich mit dabei, wenn am Vormittag des Pfingstmontags das **Englmarisuchen** stattfindet. Ursprung dieses Brauchs ist eine fromme Legende: Der selige Engelmar war ein Einsiedler, der in der Umgebung des heutigen Sankt Englmar lebte. Die Grafen von Bogen hatten einen Knecht damit beauftragt, den heiligen Mann zu versorgen. Doch um das Jahr 1100, erschlug dieser Knecht den Eremiten aus Missgunst mit dem Beil und verscharrte die Leiche unter Reisig und Schnee.

Erst im Frühjahr soll ein Geistlicher die Leiche des Klausners unversehrt entdeckt und mit einem Ochsengespann zu Tal gebracht haben. Und an jenem Platz, an dem heute die Englmarer Pfarrkirche steht, sollen die Ochsen plötzlich keinen Schritt mehr weitergegangen sein. Dort wurde schließlich der Ermordete, der deshalb auch als Viehheiliger verehrt wird, begraben. Seine Reliquien werden in einem Schrein über dem Hochaltar der im Jahre 1656 erbauten Pfarrkirche von St. Englmar aufbewahrt.

Zum Englmarisuchen am Pfingstmontag gehört die Fahrt mit dem Ochsengespann vom Ortszentrum in Begleitung der örtlichen Traditionsvereine und Reiterwallfahrer zum nahen Waldrand am Kapellenberg, wo dann Kostümierte eine Holzfigur unter einem Reisighaufen suchen und finden. Im Anschluss daran wird ein Feldgottesdienst gefeiert und der selige Engelmar zur Pfarrkirche zurückgebracht.

Teufelstisch und Waldheiligtum

Wandern in der Umgebung von Bischofsmais

Eine Rundwanderung mit geologischen und kulturhistorischen Höhepunkten: Von den Steinblöcken des Teufelstisches mit herrlichem Blick über die bayerisch-böhmischen Grenzberge zur reich ausgeschmückten Wallfahrtskirche St. Hermann.

DIE WANDERUNG IN KÜRZE

+
Anspruch

2.30 Std.
Gehzeit

7 km
Länge

Charakter: Einfache Tour, Anstieg nur im felsigen Bereich des Teufelstisches, wo Trittsicherheit erforderlich ist.

Wanderkarten: Topographische Karte 1:50 000, UK 5028, Naturpark Bayerischer Wald, westl. Teil; Fritsch Wanderkarte Nr. 69, 1:50 000, Rund um den Arber

Einkehrmöglichkeiten: Zahlreiche Gaststätten in Bischofsmais

Anfahrt: Nahverkehrsbusse verkehren täglich

mehrmals von Regen und Deggendorf nach Bischofsmais. Anfahrt mit dem **Pkw** aus dem nördlichen Bayerischen Wald auf der B 85 bis Regen und dann von March nach Bischofsmais. Von der Donauebene nach Deggendorf und von dort ebenfalls die Ruselbergstrecke bis zur Abzweigung nach Bischofsmais. **Parkmöglichkeiten** gleich hinter dem Rathaus sowie 1 km außerhalb von Bischofsmais links an der Kreisstraße, die Richtung Habischried führt.

Startpunkt dieser Tour ist das Verkehrsamt im Zentrum von **Bischofsmais.** Der 685 m hoch gelegene Erholungsort wurde bereits 1105 urkundlich erwähnt und geht auf eine Rodungsinsel der Bischöfe von

Passau zurück (»Maißung« bedeutet Rodung).

Zunächst folgen wir vom Verkehrsamt aus, wo es auch Wanderkarten zu kaufen gibt, in westlicher Richtung dem rechten Gehsteig der

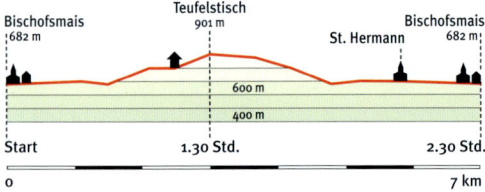

Ortsdurchfahrt, der dann in einen rechts der Staatsstraße nach Habischried verlaufenden Gehweg übergeht. Nach ca. 1,5 km biegen wir rechts ein in die Zufahrt zu dem in den 60er Jahren erbauten ersten First-Class-Hotel des Bayerischen Waldes, der einstigen Wastlsäge, heute Hotel Morada. Am Fahrnbach finden wir dann den Einstieg in den Wanderweg 3. An der ersten Weggabelung geht es nach links. Nach ca. 20 Min. teilt sich der Weg abermals: wir wandern geradeaus weiter, der 3er-Markierung folgend.

Nach einigen hundert Metern kann man bereits zur Teufelstisch-Blockhalde hinaufsteigen. Schöner und bequemer ist jedoch der Rundwanderweg nach Unterbreitenau über Habischried. Es geht vorbei an einer **Naturpark-Schutzhütte** (1.20 Std.) mit Rastmöglichkeit. Wenige Meter führt unser Weg nach rechts hinauf. Er steigt in gerader Richtung durch einen Mischwald ziemlich an, wobei man einen Ziehweg, der einst der winterlichen Holzabfuhr diente, nach rechts überquert. In kaum 10 Min. ist der Scheitelpunkt des Teufelstisch-Felsmassivs erreicht.

Um den eigentlichen **Teufelstisch** (1.30 Std.) türmen sich in Nord-Süd-Richtung gleich mehrere Steinburgen und Felsblöcke auf, die nach Osten hin eine herrliche Sicht auf das Grenzgebirge zwischen Arber und Rachel, hinüber nach Regen und zum »Pfahl« bei Weißenstein freigeben. Diese ungemein pittoresken Felsformationen entstanden während der Eiszeit, als das Bayerwaldgebirge Abtragungen erfuhr. Aufgeweichte Lockermassen wurden durch den Frostklimawechsel in Bewegung gesetzt, Auswaschungen haben das ihre dazu getan, um in der langen Periode des Tertiärs die

zum Teufelstisch aufgeschichteten Felsblöcke herauszuarbeiten. Die Einheimischen lassen sich diese geologische Besonderheit mit einer Sage erklären, die davon erzählt, dass der Teufel selbst hier einmal Rast gemacht haben soll.

Der Abstieg ist gut 100 m südlich zu suchen. Man folgt weiter der 3er Markierung oder der weißen 6 auf grünem Grund. Gegen Westen wird der Blick frei zum Breitenauer Riegel. Auf holprigem Weg geht es dann bergab zu einem aufgelassenen Steinbruch, der von krummgewachsenen Birken umkränzt wird. Unmittelbar danach stoßen wir wieder auf den Forstweg unserer Anfangsstrecke. 1,2 km hinter dem Hotel Morada überqueren wir die Hauptstraße und biegen zur Wallfahrtskirche St. Hermann ab. Wir kommen an einem Bildstock vorbei und sehen schließlich am Rande des Waldes den Wallfahrtsort der ehemaligen Einsiedelei mit der **Wallfahrtskirche St. Hermann** (2.10 Std.).

Hat man dieses Kleinod, die Votivtafeln, Wallfahrtskerzen und Totenbretter bewundert und sich am Brunnen erfrischt, dessen Wasser bei vielen Leiden Heilung verspricht, geht es wieder, der rechten Straße im Ortsteil Sankt Hermann folgend, zurück nach **Bischofsmais** (2.30 Std.), wo ein Besuch der nach einem Brandunglück in den Jahren 1848/51 neu errichteten Pfarrkirche St. Jacobus lohnt, deren Gründung auf das 14. Jh. zurückgeht.

Eng mit Bischofsmais verbunden war auch einer der größten Dichter des Waldlandes, Max Peinkofer (1891–1963), dessen Werk zahlreiche Romane, Mundartgedichte und Erzählungen aus dem Land zwischen Donau und Wald umfasst. Ihm ist bei der Wallfahrtskapelle St. Hermann ein Totenbrett gewidmet.

Die Wallfahrt Sankt Hermann

»Heiliger Hermann, bitt' für uns, heute und allezeit, rotte aus alle Götzereien, im Todbett steh uns bei, gibt uns ein friedsames Gemüt, vor Hagel, Schauer, Unglück uns Gott behüt«. So beten die Waldler auch heute noch an ihrer ältesten Wallfahrtsstätte, die gleich drei Heiligtümer in sich vereinigt: die Einsiedelei-Kapelle mit der Hermanns-Zelle, die Brunnen- und Rundkapelle sowie die Wallfahrtskirche – das alles schön eingefriedet vom Hermannsbächlein sowie einer weißgetünchten Mauer und Erlenbäumen.

Der Einsiedelei ging die Rodung des Urwaldes um Bischofsmais durch den hl. Gunther voraus, der der Überlieferung nach vom Kloster Niederalteich im Jahre 1011 hierher gekommen war. An den von Bayern wie Böhmen verehrten Benediktiner erinnern in St. Hermann einige beschauliche Votivbilder. Die Sankt-Hermann-Wallfahrt aber wurde vom Laienbruder Hermann begründet, der sich 1322 vom Kloster Niederalteich hierher als Einsiedler zurückzog. Ihm wurden wunderbare Fürsprachen und Weissagungen zugesprochen, so dass auch nach seinem Weiterziehen in eine Klause in den Urwäldern am Rachel die Stätte seines Wirkens große Volksscharen anzog. Die heutige bauliche Form der Wallfahrtsstätte geht auf das 17. Jh. zurück.

In der Einsiedelei-Kapelle finden sich neben der Figur eines Bischofs, der vom Volk als hl. Hermann verehrt wird, an die 400 Votivtafeln, zahlreiche Votivgaben und ein uralter Opferstock. Die Hermannszelle schließt sich daran an, die neben einer Getreidetruhe Hunderte von hölzernen Händen und Beinen, Holzkreuzen und Krücken enthält, die als Dank der auf die Fürsprache des Heiligen hin Geheilten hier als Opfergaben dargebracht wurden.

1611 wurde der Wallfahrtsort durch eine von der Familie Pfaller aus Au bei Regen gestiftete Brunnen- und Rundkapelle bereichert. Das Barockschränkchen zur linken Seite des Altars beherbergt das sogenannte »Käsemirakel«. Die Sage weiß von einer Bäuerin zu erzählen, die anno 1657 dem hl. Hermann als Opfergabe ein Stück Käse versprochen hatte, dann jedoch die mitgebrachte Gabe mit dem Heiligen teilen wollte. Sie brach sich ein Stück von dem Käse ab und schob es in den Mund. Doch dabei habe sich, so der Volksmund, der Käse plötzlich in Stein verwandelt.

Weil Anfang des 17. Jh. der Andrang der Wallfahrer immer größer wurde, errichtete man nach dem Dreißigjährigen Krieg schließlich die heutige Wallfahrtskirche (konsekriert 1563), die auch als Trauungs-

Der »Teufelstisch« bei Bischofsmais

kirche immer beliebter wird. Der spätbarocke Säulenaltar aus dem Jahre 1772 zeigt den hl. Hermann im weißen Gewand als Fürbitter für alle Hilfesuchenden, vor allem aber der Kranken. Die an der Wand links vom Hochaltar angebrachten 14 Holztafeln zeigen Motive aus dem Leben des Heiligen.

Als besondere Fest- und Wallfahrtstage gelten die Kirchweihtage am 10. August (hl. Laurentius) und 24. August (hl. Bartholomäus), die mit Festgottesdiensten, Andachten und Jahrmärkten gefeiert werden.

Warum jedoch in früheren Jahren vor allem Jungfrauen zum »hl. Hirmon«, wie er von den Einheimischen in Mundart angesprochen wird, gepilgert sind, hat seinen ganz besonderen Grund: In der hölzernen Hermannszelle steht eine ca. 60 cm hohe, aus schwerem Holz derb-bäuerlich geschnitzte Figur des »Hirmon«, ein bärtiger Mönch, der in ein Priestergewand gehüllt ist. Ein star-

kes Eisengitter schützt ihn vor unfrommen Zugriffen. Diese Figur nun ist der Mittelpunkt eines alten Hebebrauches, von dem man sich Hilfe bei Krankheiten von Mensch und Vieh, aber auch einen Hochzeiter versprach. Die heiratslustigen Mädchen mussten die gewichtige Figur schön mittlings fassen, auf dass sie beim dreimaligen Hochheben, »Schutzen« genannt, nicht vornüberfiel und sich den Kopf zerschlug, wie das ein paarmal geschehen war und als ›schwere Sünde‹ bewertet wurde. Da die Figur früher einen beweglichen Kopf hatte, nickte dieser beim Hochheben, und erfreut hieß es dann »Der Hirmon hat g'knauckt!« Der Kopf, den der »Hirmon« heute trägt, wurde im vorigen Jahrhundert in Regen gefertigt und ist fest angeleimt.

Die Ruine auf der Teufelsmauer

Eine Wanderung rund um Weißenstein

Weißenstein, eine der bekanntesten Burgruinen des Bayerischen Waldes, macht schon von weitem auf sich aufmerksam. In dem alten Gemäuer lebte der Dichter Siegfried von Vegesack, ein Museum und das einzige Freigrab weit und breit erinnern an ihn.

DIE WANDERUNG IN KÜRZE

+
Anspruch

Charakter: Einfache Wanderung auf gut ausgebauten Wegen, reizvoll vor allem im Frühling und Herbst.

2.30 Std.
Gehzeit

Markierung: Ziffer 3 auf rotem Grund und teils mit »Wagenrad« für den »Böhmweg«

7 km
Länge

Wanderkarten: Topographische Karte 1:50 000, UK 5029, Naturpark Bayerischer Wald, östl. Teil/Nationalpark Bayerischer Wald; Fritsch Wanderkarte Nr. 120, 1:35 000, Zwieseler Winkel

Einkehrmöglichkeiten: Burggasthof Weißenstein und Weißensteiner Alm

Anfahrt: Mit dem **Pkw:** Vom oberen wie vom unteren Bayerischen Wald auf der B 85 nach Regen, von dort sind es nur wenige Minuten bis nach Weißenstein, wo sich genügend (Frei)Parkplätze bieten. Mit der **Bahn** oder mit den **Bussen** regionaler Unternehmer bis Regen bzw. zur Haltestelle an der B 85 und von dort zu Fuß (1 Std.) oder mit dem Taxi nach Weißenstein.

Öffnungszeiten: Museum in der Burgruine Weißenstein Mai bis Okt. tägl. 10–12, 13–17 Uhr

Auf einer Länge von 140 km durchzieht der »Pfahl« mit seinen zackig aus der Landschaft ragenden Quarzfelsen den Bayerischen Wald von Schwarzenfeld in der Oberpfalz bis hinunter nach Freyung. Doch nur an wenigen Stellen treten die imposanten Quarzgebilde so deutlich zu Ta-

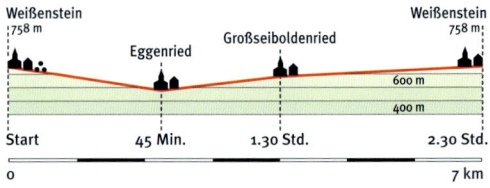

ge wie im Bereich der kleinen Ortschaft Weißenstein, wo der Pfahl seine höchste Erhebung mit 758 m erreicht. Dem Volksglauben zufolge hat hier einmal der Teufel die Erde durchpflügt.

Und von diesem sagenumwobenen Quarzgebirge im Miniformat grüßt eine der markantesten Ruinen weit ins Land hinaus: die Burgruine **Weißenstein**. Am Rande des großen Parkplatzes nördlich des Dichterturms steht eine mit Totenbrettern umsäumte Kapelle. Eines der Totenbretter hat Siegfried von Vegesack zur Erinnerung an seinen im Zweiten Weltkrieg gefallenen Sohn anbringen lassen. Wir folgen der Dorfstraße nach rechts hin zur Ortsmitte, vorbei am stattlichen Burggasthof Weißenstein. Danach wenden wir uns rechts dem als »Böhmweg« bezeichneten Wanderweg zu, der einem der ältesten Handelswege zwischen Bayern und Böhmen folgt (Markierung: Ziffer 3 auf rotem Grund, an manchen Stellen eine Wagenradmarkierung für Böhmweg).

Nachdem wir die kleine Ortschaft verlassen haben, geht es auf einem Feldweg zwischen Äckern und Wiesen nach Westen auf den Weiles **Matzelsried** zu. Dort wenden wir uns dann bei der ersten Weggabelung nach links. Wir kommen an einen Waldrand, halten uns rechts, gehen später aber wieder links in den Wald. Immer der Markierung folgend gehen wir noch einmal links, kommen aus dem Wld wieder heraus und wandern am Waldrand entlang mit weitem Blick zu den Bayerwald-Vorbergen Geißkopf und den Breitenauriege.

Schließlich geht es erneut in den Wald hinein, wo wir schließlich zum Pfaffenbach kommen, den wir überqueren, um dann aber bei der nächsten Weggabelung nach rechts zu wandern. Wir treffen auf zwei weitere Weggabelungen, denen wir in beiden Fällen nach links folgen. Schließlich verlassen wir die Schatten der Wälder, die freie Landschaft mit bewirtschafteten Feldern und Wiesen nimmt uns auf. Wir erreichen den Weiler **Großseiboldsried** (1.30 Std.), den wir durchqueren müssen. Zu einer kleinen Andacht lädt die zwischen zwei alten Linden stehende Dorfkapelle ein.

Haben wir das Ortsende erreicht, marschieren wir auf der Gemeindeverbindungsstraße weiter und gelangen wieder in ein Waldstück, wo wir uns die Markierung nach links suchen. Am Waldrand ist abermals links abzubiegen, dann führt uns der Weg mit Blick auf die Burgruine zurück nach **Weißenstein** (2.30 Std.).

Siegfried von Vegesack

Eines der wenigen Freigräber in Bayern birgt den baltischen Dichter Siegfried von Vegesack. Es befindet sich am südöstlichen Ortsrand von Weißenstein, der Dorfweg, der südlich des Pfahls vorbeiführt, leitet uns dorthin. Das Totenbrett für den Dich-

Burgruine Weißenstein

ter ist an einen Baum genagelt, den Grabhügel schmücken Blumen.

So eigenwillig, wie er gelebt hat, so eigenwillig fiel auch seine letzte Ruhestätte aus. Es bedurfte eines hartnäckigen Kampfes gegen die Vorschriften der bayerischen Friedhofsordnung, bis der Dichter diesen seinen letzten Wunsch erfüllt bekam: Nicht auf dem Friedhof der Stadt Regen, sondern im Wald bei Weißenstein wollte er beerdigt werden. »Hier, wo ich einst gehütet meine Ziegen/ Will ich vereint mit meinen Hunden liegen/ Hier auf dem Pfahle saß ich oft und gern: / O Wanderer schau dich um und lobe Gott den Herrn.« Dieser Vers steht nun auf dem Totenbrett im Walde am Pfahl. Auch seine zweite Frau wurde dort begraben.

Siegfried von Vegesack (1888–1974) und seine erste Frau, die schwedische Erzählerin Clara Nordström (1886–1962), hatten im Jahre 1918 den damals leerstehenden Turm der aus dem 12. Jh. stammenden Burg Weißenstein erworben und in Stand gesetzt. Die bekanntesten Werke Vegesacks sind die »Baltische Tragödie«, »Das Unverlierbare«, »Im Lande der Pygmäen«, »Südamerikanisches Mosaik« , »Die Überfahrt« und schließlich »Das Fressende Haus«, mit dem er seinem Raubritterturm ein Denkmal setzte.

Heute ist in diesem für teures Geld renovierten Turm ein Museum eingerichtet. Im vier Stockwerk hohen Dichterturm werden neben Vegesacks Dichterstüberl u.a. Kunstgegenstände aus der Umgebung, handwerkliche Geräte und eine Schnupftabaksammlung gezeigt.

An der Donauleite

Von Obernzell nach Erlau

Besonders reizvoll ist diese Wanderung auf dem Jägersteig entlang der dem Süden zugewandten Donauleite im Frühling, wenn die Bäume ausschlagen und sich nach dem langen Winter wieder überall das Leben regt.

DIE WANDERUNG IN KÜRZE

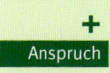

+
Anspruch

2 Std.
Gehzeit

7 km
Länge

Charakter: Nur abschnittsweise etwas mühsam mit Steigungen von alpinem Charakter; gutes Schuhwerk ist erforderlich!

Markierung: Rotes Feld auf weißem Grund

Wanderkarte: Topographische Karte, 1:50 000, UK 50-30, Naturpark Bayerischer Wald, südl. Teil; Fritsch-Wanderkarte Nr. 62 Südlicher Bayerischer Wald

Einkehrmöglichkeiten: Gasthäuser in Obernzell und Erlau

Anfahrt: Täglich mehrere **Busverbindungen** vom Passauer Hauptbahnhof nach Obernzell bzw. von

Erlau zurück nach Passau. Wer mit dem **Pkw** aus dem oberen und mittleren Bayerischen Wald kommt, braucht nicht ins Stadtzentrum von Passau, sondern fährt am linken Donau-Ufer bis zu einer Untertunnelung, die zur Ilzbrücke führt. Am anderen Ufer auf der B 388 rechts Richtung Wegscheid. Die Donau-Uferstraße führt direkt über Erlau nach Obernzell. Vom unteren Bayerischen Wald gelangt man in den Passauer Stadtteil Ilzstadt, bleibt am linken Ufer der Ilz bis zur Mündung in die Donau und folgt dann ebenfalls der Uferstraße nach Erlau.

Nachdem wir **Obernzell** auf der Matzenberger Straße verlassen haben, wandern wir diese ca. 1,5 km Richtung Matzenberg (rot-weiß-rote Markierung). Ein Wegweiser führt uns nach links auf den gern begangenen **Jägersteig,** der hoch über der Donau durch die Obernzeller Leite führt. Man fühlt sich um einige Jahrzehnte zurückversetzt, als Teerstraßen fast unbekannt und Wege wie

dieser die einzigen Verbindungen zwischen Ortschaften waren. Nach einiger Zeit hört man den Verkehr aus dem nahen Obernzell nicht mehr und ist ganz allein mit der Natur. Kleine Rinnsale werden überquert und immer wieder kann man sich an den schönen Ausblicken hinab ins Tal erfreuen, die die mitunter mühseligen Steigungen vergessen lassen.

Besonders reizvoll ist der Blick hinab zur Donau, wo gerade an Wochenenden so manches der schönen Ausflugsschiffe, die bis Linz oder auch bis nach Wien verkehren, vorbeizieht. Vom südlichen Ufer grüßt Oberösterreich herüber. Besonders gute Aussichtspunkte ergeben sich an der **Max-Matheis-Höhe,** die an den bekannten Passauer Heimatdichter erinnert.

Auch geologisch interessierte Naturfreunde kommen an diesem sonnenbeschienenen Hang auf ihre Kosten. Sie finden zwischen den Gneisen eingelagert Bänder von marmornem Kalkspat. Einzigartig auch das Vorkommen zweier besonderer Tierarten, denn die starke Sonneneinstrahlung verschafft der Äskulapnatter und der Smaragdeidechse geeignete Lebensbedingungen. Begünstigt wird, ebenfalls durch das warme Klima, auch das Wachsen des Blasenstrauchs und verschiedener Ginsterarten.

Nach etwa 6 km erreichen wir – immer parallel zur Leite wandernd – in einer Kurve oberhalb der Ortschaft **Erlau** die Hauptstraße (2 Std.). Hier haben wir Möglichkeiten zur erholsamen Einkehr.

Die Wiege des Tonfilms

Die Ortschaft Erlau wurde in Verbindung mit einem berühmten Mann, nämlich Dr. h.c. Hans Vogt, dem Erfinder des Tonfilms, bekannt. Am 26. Februar 1921, um 1.30 Uhr in der Nacht, wurde der erste Tonfilm in einem Berliner Labor vorgeführt. Drei Männer hatten es sich zum Ziel gesetzt, den Bildern des Stummfilms das Sprechen beizubringen: Joseph Masolle, Dr. Joseph Engl und Hans Vogt, der später die Ehrendoktorwürde durch die Universität Bonn erhielt. Hans Vogt, ein gebürtiger Oberfranke, war nicht nur an dieser epochalen Erfindung beteiligt, son-

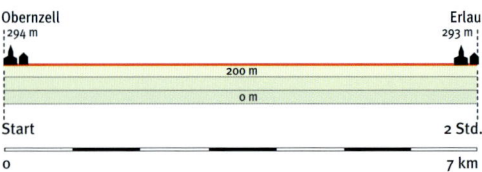

Obernzell

dern hatte schon mit 19 Jahren das erste Reichspatent erworben. Im Jahr 1927 errichtete er eine Fabrik in Berlin, in der er Radios und Lautsprecher baute. Zur Auswertung seiner vielen Erfindungen gründete er die Firma Vogt und Co., die er 1948 nach Erlau an der Donau verlegte. Dieses Privatunternehmen entwickelte sich zu einem der großen Arbeitgeber im Bayerischen Wald als Hersteller von Elektronikteilen. Als »Johannes von Erlau« schrieb er ein Dutzend Bücher über das Leben mit der Technik und aus dem Alltag eines weltaufgeschlossenen Mannes, die er allesamt privat verlegte und an seine Freunde und Verehrer verschenkte. Am 4. Dezember 1979 musste die zuständige Gemeinde Obernzell das Todesdatum dieses ungewöhnlichen Mannes in das Sterberegister eintragen, aber bei allen, die ihn kannten, wird er weiterleben.

Grüne Grenze

Grenzübergänge zum Böhmerwald in Tschechien

Die auf dieser Seite aufgeführten Grenzübergänge nach Tschechien können von Wanderern und Radfahrern ohne Formalitäten passiert werden. Den Reisepass sollte man allerdings immer dabeihaben und sich vorab über die geltenden Zollbestimmungen informieren.

Hofberg–Fleky
1.4.–30.9.: 6–22 Uhr
1.10–31.3.: 6–18 Uhr

Helmhof–Zadni Chalupy
1.4.–30.9.: 6–22 Uhr
1.10–15.2.: 8–18 Uhr
15.3.-31.3.: 8–18 Uhr

Großer Osser–Ostrý
1.5.–30.9.: 6–22 Uhr
1.10–31.10.: 8–18 Uh

Bayerisch Eisenstein–Želesná Ruda
1.4.–30.9.: 6–22 Uhr
1.10–31.3.: 8–18 Uhr

Ferdinandsthal–Debrnik
1.4.–30.9.: 6–22 Uhr
1.10–31.3.: 8–18 Uhr

Scheuereck–Prasily
1.6.–30.9.: 6–22 Uhr
1.10–15.11.: 8–18 Uhr

Finsterau–Bučina
1.4.–30.9.: 6–22 Uhr
1.10–31.3.: 8–18 Uhr

Bischofsreut (Marchhäuser) –Žleby
1.4.–30.9. 6–22 Uhr
1.10.–31.10. 8–18 Uhr

Dreisessel –Tristolicnik–Novĕ Udoli
1.4.–30.9. 6–22 Uhr
1.10.–31.10. 8–18 Uhr

Register

Für jeden
Reisetyp
den Richtigen!

Wählen Sie aus mehr als 500 DuMont Reiseführern!

Infos in Ihrer Buchhandlung oder im Internet

DUMONT
REISE-TASCHENBUCH

DUMONT direkt

DUMONT Reisen für Genießer

DUMONT aktiv

DUMONT RICHTIG REISEN

DUMONT KUNST REISEFÜHRER

Der Allrounder!
240 Seiten mit Atlas
Über 150 Titel

Kompakt und aktuell

Die »DUMONT Reise-Taschenbücher« sind handliche Reisebegleiter für alle Urlaubsfälle, die Sie zum Insider vor Ort werden lassen. Jedes neue DUMONT Reise-Taschenbuch enthält einen mehrseitigen Atlas. Ausgewählte Tipps mit exakten Preisangaben zu Unterkünften und viele kommentierte Adressen zu Essen & Trinken, Shopping, Nachtleben sowie Sport & Spaß machen den Urlaub zum Genuss.

Weitere Informationen über die Reihe »DUMONT Reise-Taschenbuch« erhalten Sie bei Ihrem Buchhändler oder unter
www.dumontreise.de

Abbildungsnachweis

Egon M. Binder (Grafenau) Titelbild, S. 2, 6, 9, 12, 13, 25, 28, 32, 36, 38, 49,
    52, 54 (beide), 62, 66, 70, 73, 77, 84, 94, 96, 112, 118, 124, 134; Archiv
    des Autors: S. 14
Dietlind Castor (Lindau) S. 1
Karl-Heinz Paulus (Falkenbach) S. 56
Wilkin Spitta (Loham) S. 10, 27, 8, 23, 41, 70, 86, 86, 102, 104, 120, 131, 137
Thomas Peter Widmann (Regensburg) S. 113, 114,

Karten und Höhenprofile: DuMont Reisekartografie, Puchheim;
    © MAIRDUMONT, Ostfildern

Impressum

Titelbild: Blick auf Preying im Ilztal mit Pfarrkirche St. Brigida

Über den Autor: Egon M. Binder (Jahrgang 1947) ist Redakteur und Leiter
der Lokalredaktion in Grafenau, der Donau-Wald-Presse GmbH. Er ver-
öffentlichte mehrere Reiseführer sowie volkskundliche und kulinarische
Bücher und betreibt das Bayerwald-Bildarchiv mit Schwerpunkt Bayerischer Wald.

2. aktualisierte Auflage 2005
© DuMont Reiseverlag Ostfildern
Alle Rechte vorbehalten
Graphisches Konzept: Groschwitz, Hamburg
Druck: Rasch, Bramsche
Buchbinderische Verarbeitung: Bramscher Buchbinder Betriebe

ISBN 3-7701-5212-3